김태길 산문집

# 겉멋과 속멋

김태길 산문집

# 겉멋과 속멋

철학과현실사

# 머리말

　월간지 『수필문학』이 발행되던 시절에 매번 원고지 60-70매 길이의 글을 8회에 걸쳐서 그 잡지에 연재한 적이 있었다. 제목은 <수필산책>이라고 붙였다. 수필에 관한 이런 이야기 저런 이야기를 두서없이 엮은 잡동사니라는 뜻으로 지어준 이름이다.
　그 글들이 실린 잡지를 일단 모아두기는 했으나, 정년퇴임 후에 두 차례 이사를 하는 북새통에 짐을 덜기 위하여 버리는 꼴이 되었다. 월간지 『수필문학』에 대한 애정이 냉각한 탓도 아마 있었을 것이다.

　작년 가을에 무엇을 찾기 위하여 옛 서류함을 샅샅이 뒤져본 일이 있었다. 그때 생각지도 않았던 <수필산책>의 기록이 나왔다. 『수필문학』 잡지를 버릴 때, 내 글이 실린 부분만을 따로 오려서 간직했던 것을 까맣게 잊고 있었던 것이다.
　다시 읽어보았다. 아주 버리기에는 아깝다는 생각이 들었다. 못난 자식도 내 자식은 귀엽게 여기는 심리가 작동한 것인지도 모르겠다. 이 <수필산책>을 이미 발행한 내 산문집에 실리지 않은 다른 글들과 함께 묶으면 또 한 권의 책이 나올 수 있다는 계산이 섰다.

그 '다른 글'들 가운데는 내가 최근에 쓴 글들도 있고, 여기저기 신문과 잡지에 실린 칼럼들도 있다. 그리고 '멋'에 관해서 쓴 좀 긴 수필 한 편을 추가해도 무방하리라는 생각이 들었다.

이번에도 철학과현실사의 신세를 지게 되었다. 그 후의에 대한 감사하는 마음을 여기에 기록한다.

2005년 1월
분당 불곡산록(佛谷山麓) 우거(寓居)에서
김 태 길

차 례

머리말 / 5

## 제1장 수필산책

수필 이전 / 13
수필과의 인연 / 27
무성한 잡초 / 41
월간 『수필문학』과의 만남 / 57
수필의 세계 / 70
문학적 수필과 철학적 수필 / 84
수필 창작의 기본 / 98
한국 수필의 오늘과 내일 / 116

## 제 2 장  문집에 오르지 않은 수필

수필에 대한 맑은 사랑 / 135
농촌과 민족을 향한 순수한 사랑 / 139
할아버지 세대에서 고손자 세대까지 / 146
무엇이 새 천년을 새롭게 하는가 / 151
마음이 편한 길을 따라서 / 155
어떤 낙서 / 159
늙는다는 것 / 163
한 길 사람의 속마음 / 166
보통학교 다닐 때 있었던 일 / 170
치과 의원 대기실 / 175
편가르기 / 178
머리 좋은 사람 / 182
작금의 심정 / 185
수필과 철학 / 188

## 제 3 장  칼럼 중에서

자기와의 싸움부터 이겨야 / 195
외국어와 모국어 / 198
언어의 그릇된 사용 / 202
욕심을 줄이고 바라본 세상 / 206
스승의 날 / 210
헤세와 현대인의 고독 / 213
지금은 그럴 때가 아니다 / 216
도산 선생의 충고 / 219
우리의 현실과 성숙한 시민의식 / 222
감정이 앞서는 정치 / 227
성숙한 사회와 지도자 계층 / 230
나에 대한 사랑 / 235

## 제 4 장  겉멋과 속멋

겉멋과 속멋 — 멋과 한국인의 삶 / 241

# 제 1 장
# 수필산책

수필 이전 /
수필과의 인연 /
무성한 잡초 /
월간 『수필문학』과의 만남 /
수필의 세계 /
문학적 수필과 철학적 수필 /
수필 창작의 기본 /
한국 수필의 오늘과 내일 /

# 수필 이전

## 1. 외도(外道)의 중간결산을 위하여

"하라는 길쌈은 안 하고 하지 말라는 서방질만 한다"는 속담이 있다. 아주 어렸을 때에 들었으며 또 별로 고상하지도 않은 이 속담이 이제 새삼스럽게 내 기억에 떠오른 것은, 바로 나 자신이 그 꼴이라는 반성에 연유한 것으로 보인다.

나는 지금 두 가지의 외도에 종사하고 있는 셈이다. 하나는 '수필'에 관한 외도요, 또 하나는 '한국정신문화연구원 부원장'이라는 외도이다. 후자는 내가 원해서이기보다는 주위 사정에 밀려서 그렇게 된 것이므로, 사정이 바뀌면 곧 면하게 될 일시적 현상으로 생각된다. 그러나 전자는 내가 좋아서 하는 짓이며, 이미 사반세기(四半世紀)의 내력을 가진 외도이므로, 좀처럼 손을 떼기가 어려울 것 같다.

모르긴 하지만, 앞으로도 수필을 쓰는 버릇은 버리기 어려울 것이다. 외도치고는 아주 고질적 외도가 되고 만 '수필'에 대해서,

나에게도 나 나름의 생각이 있을 법하다. 아무 생각도 없이 그렇게 빠져들어갈 수가 전혀 없는 것은 아니나, 역시 무엇인가 생각이 있을 법한 일이다.

도대체 나는 어떠한 생각을 가지고 수필을 쓰고 또 읽는 것일까? 이러한 자문(自問)이 고개를 든다. 그리고 이 기회를 이용하여 수필에 대한 내 생각 또는 느낌을 정리해 보고 싶은 생각으로 옮겨간다.

요즈음 수필에 대한 관심이 높아지면서, 수필에 대한 이론 또는 평론이 가끔 지면에 발표되고 있다. 개중에는 내 글에 대한 평도 있다. 수필에 대한 이론 또는 평론을 읽어보면, 매우 공감이 가는 주장도 많고, 그 반대의 느낌을 주는 경우도 있다. 아마 이러한 독후감도 나로 하여금 수필에 대한 나 자신의 의견을 정리해 보고 싶은 생각을 일으킨 자극제의 구실을 함에 도움이 되었을 것이다.

그러나 수필론(隨筆論)을 시도하자는 것은 아니다. 도대체 그러한 소양도 없을 뿐더러, 수필론을 쓰기보다는 수필 그 자체를 한 편이라도 더 쓰고 싶은 것이 나의 욕심이다. 다만 수필에 관한 개인적인 기억과 산발적인 느낌 따위를 생각나는 대로 적어보자는 것이다. 이 자체가 일종의 수필이 될 수 있다면 그 이상 더 바랄 것이 없다.

그러나 십중팔구 죽도 밥도 아닌 것이 될 공산이 크다.

## 2. 글짓기와 『문』(門)

초등학교 과정에 '글짓기'라는 과목이 있는 것으로 안다. 그 글짓기가 곧 수필이라고 말한다면 웃음거리가 될지 모르나, 이 두 가지 사이에는 확실히 깊은 관련성이 있어 보인다. 초등학교 어린이의 글 중에도 훌륭한 수필이 있다고 말하는 편이 더 알기 쉬울지도 모른다. 일전에 우연한 기회가 있어서, 어느 어린이 글짓기 국제대회에서 금상(金賞)을 탄 글을 읽었을 때, 나는 "여기에도 수필이 있구나!" 하는 것을 직감으로 느꼈다.

나 자신 보통학교(지금의 초등학교) 어린이 시절에 글짓기에 대해서 비교적 관심이 컸던 것으로 기억이 된다. 그러나 글을 잘 썼다고 칭찬을 받은 기억은 없다. 실제로 그런 일이 없었으므로 기억에도 없을 것이다. 어린이 시절에 받은 칭찬이란 여간해서 잊혀지지 않는 법이다.

보통학교 1학년 겨울방학 때 처음 일기를 쓴 기억이 있다. 학교 선생님이 시킨 것은 아니었다. 앞집 할머니가 돌아가셨다고 그 집 식구들이 통곡하는 소리를 들은 순간, 나는 그때의 느낌을 일기 형식으로 쓰고 싶었고, 그래서 당장 그날부터 쓰기 시작했던 것이다.

일기장은 고사하고 공책도 귀한 형편이었다. 지금으로 말하면 신문용지 비슷한 백노지(白鷺紙)를 오려서 배추씨 장사 치부책 모양으로 맨 것을 사용했다. 그 책을 내 손으로 맸는지 또는 형님에게 부탁을 했는지는 아리송하나, 한지를 배접한 것을 표지로 사용했으며, 공책의 크기는 국판의 반 정도였다는 기억은 분명하다.

기억이란 형태가 있는 물건에 대해서 더 강한 것일까? 백노지로 만든 일기장의 모양과 크기 등은 지금도 눈에 선한데, 얼마 동안이나 썼는지는 기억이 희미하다. 아마 그 공책의 반도 못 채웠을 것이다. 일기 쓴 내용도 첫날 첫머리밖에는 기억이 없다. 자를 대고 줄을 긋고 연필로 썼다는 등, 대수롭지 않은 점만이 기억에 생생하다.

보통학교에 학생 자치회(學生自治會)라는 것이 있었고 5학년생 이상으로 간부진이 구성되었다. 부장 이상은 모두 '고등과' 학생들이 차지한 그 자치회에서 나는 2년 동안 학예부 위원으로 심부름을 하였다. 학예부에서 한 일 중에 가장 큰 것은 『문』(門)이라는 교지(校誌)를 내는 일이었고, 나는 그 편집을 거들었던 기억이 남아 있다.

등사판으로 밀어내는 아주 조잡한 교지였으나, 학생들 자신의 손으로 만드는 데 뜻이 있었다. 고등과 학생 가운데 재주꾼이 있어서, 원지(原紙)에 쓴 철필 글씨도 제법이었고, 표지만은 세 가지 색으로 장식을 하는 정성을 담기도 하였다. 그러나 특별한 기술이 없는 나는 주로 등사판 미는 일을 맡았는데, 롤러를 누르는 힘이 고르지 못하여 많은 종이를 버렸다. 결국 나중에는 등사판 옆에서 종이 넘기는 일로 좌천을 당했던 것 같은 그런 기억이 어렴풋하다.

그러나 나는 학예부 위원들 가운데서 서열(序列)이 가장 꼬라비는 아니었다고 확신한다. 5학년과 6학년 여자반 반장들도 모두 학예부 위원이었는데, 나는 그들의 한 사람에게 어떤 심부름을 시킨 기억이 있다. 내 지시를 받은 여학생은 "예!" 하고 아주 공손한 태도로 일을 시작했던 것이며, 조금도 불평스러운 기색을 보이지 않았다. '남존 여비' 전통의 덕을 톡톡히 본 셈이다.

『문』이 나올 때마다 내 글도 한 편씩 실렸다. 내 글이 실리는 것은 당연하다고 나는 생각을 했고, 별로 반대하는 사람도 없어서 그렇게 된 것이다. 결국 편집위원의 권한을 남용한 셈인데, 그 당시의 나로서는 내 글이 잘됐으므로 당연히 실을 만하다고 믿었던 모양이다.

### 3. 『주성』(舟城)과 『신능』(神陵)

현재의 청주고등학교의 전신인 청주고등보통학교에서는 『주성』(舟城)이라는 교지를 내고 있었다. 그 학교로 진학한 나는 그 교지에 내 글이 실리기를 희망했으며, 이 『주성』을 의식하고 열심히 작문(作文)에 임하기도 하였다.

그러나 이 학교에 다닌 5년 동안에 내 글이 실린 것은 3학년 때 오직 한 번뿐이다. 내 자신의 평가로는 충분히 실릴 만한 글도 실어주지 않았다. 내가 편집위원이 아니어서 그렇게 되었다는 해석으로 자위하고 싶은 생각도 없지 않으나, 그 잡지의 편집은 교사들이 직접 주관했던 것으로 안다. 그러나 교사에게도 잘못은 있을 수 있는 것이니, 내 글이 안 실린 것은 뭔가 잘못된 때문이라고 나는 생각했을 가능성이 크다.

그 다음에 진학한 일본의 제삼고등학교(第三高等學校)에서는 『신능』(神陵)인지 『자유』(自由)인지 하는 이름의 잡지를 내고 있었다. 이것은 학생들이 자치적으로 운영하는 잡지였으나, 수준은 상당히 높았다고 짐작한다. 청주고등보통학교의 교사들보다도 제삼고등학교 학생들의 문학 수준이 높다고 믿고 있었을 뿐 아니라, 나도 학생 자치단체의 간부이기도 했으므로, 이번에는 내 글이 실릴 수 있다고 기대하였다. 여기서 실리게 되면 청주에서의 불명예는 씻겨질 것이며, 청주고보 교사들의 실력도 판명이 나게 될 것이었다.

그러나 어찌된 셈인지 내 글은 한 번도 실리지 않았다. '조선인'이라 차별 대우를 받았다고 해석할 여지는 전혀 없었다. 일본말로 쓰는 글이라 역시 일본인을 못 당하는 것일까 하는 생각도 해보았다. 그래도 한 번쯤은 채택이 되어야 말이 될 것 같아서 내 글재주에 대한 자신이 차차 없어지기 시작했다.

그러나 글 쓰는 일에 대한 흥미를 아주 잃지는 않았다. 다만 발표라는 것을 염두에 두지 않고, 마음에 떠오르는 상념(想念)을 단상(斷想) 또는 일기 형식으로 쓰기를 즐겼다. 고등학교 2학년 때인가는 콩트에 가까운 단편소설을 한 편 써본 일도 있었다. 글이라는 것은 발표를 위해서 쓸 것이 아니라 자기 자신을 위해서 써야 한다는 편리한 문필관(文筆觀)을 고안하게 되었다. 내 자신이 쓴 것을 가끔 읽어보고 좋아한 적도 있었느니 이론을 실천에 옮긴 셈이다.

그러던 중 그 무렵에 우연히 읽은 괴테의 시 가운데서, "독자가 아니면 무슨 보람으로 글을 쓰겠느냐?"는 뜻의 글귀를 발견하였다. 그 말이 역시 옳은 것 같은 생각이 들면서 내 문필관에 혼란이 일기 시작했다. 그러나 나는 오래 고민할 필요가 없었다. 내가 쓴 것을 아주 가까운 친구에게 보여주는 묘방을 생각해 낸 것이다. 독자라는 것은 양보다도 질이 문제였다. 내 글을 옳게 이해해 주는 독자 한 사람만 있어도 충분하다는 생각으로 나 자신을 설득하기에 성공하였다.

'소수정예 독자론'이라고 불러도 좋음직한 이 생각도 실천에 옮겨졌다. 가까운 친구나 선배에게 내 글을 보여주고는 자연히 그 반응을 살피게 마련이었다. 내 스스로 정선한 독자가 읽는 것을 지켜보는 순간이 수줍고 지루해서 그 자리를 잠시 비우는 작위(作

爲)가 필요할 때도 있었다.
 믿고 보여준 독자들로부터도 시원스러운 칭찬은 받기 어려웠다. 그저 그렇다는 투의 반응이 많았다. 끝까지 읽지도 않고, 뒤적뒤적하다가 마는 친구들도 있었다. 아마 그런 저런 고비를 거치는 동안에 글쓰기에 대한 내 관심은 차차 줄어들었던 것으로 짐작한다.

### 4. 해방 전후와 『꽹과리』

 동경대학에 입학한 뒤에는 대동아전쟁이 가열해지고 학병(學兵) 문제가 일어났다. 책을 읽거나 글을 쓸 만한 마음의 여유가 없었다. 학병을 피해서 고향인 충주로 돌아온 뒤에도 한동안 지낸 뒤에야 한가로운 마음을 되찾을 수 있었다.
 처음에는 전공 공부를 계속해야 하겠다는 결심을 하고 법률, 정치, 경제 등 사회과학 서적에 매달렸다. 그러나 눈앞에 뚜렷한 목표도 없이 막연한 동기만으로 독학을 한다는 것은 어려운 일이었다. 한 반년도 계속 못하고 딱딱한 책은 덮어두게 되었다. 그 대신 무료한 시간을 메우기 위해서 때때로 읽은 것이 소설 따위였으며, 우리말로 쓰인 단편소설에 손이 자주 가곤 하였다.
 글은 별로 쓰지 않았다. 다만 동요집 『감자꽃』을 내고 탄금대(彈琴臺) 산 위에 노래비를 세우게 한 권태응(權泰應) 씨와 편지를 주고받는 것이 고작이었다. 권태응 씨는 나에게 외가로 육촌형 뻘이다. 폐를 앓아 가면서도 동요를 써서는 나에게 보내며 의견을 묻곤 하였다. 우리 집에서는 약 4킬로미터 떨어진 곳에 살고 있어서, 직접 찾아가서 이야기를 나누기도 하고 편지를 보내기도 하였다. 그분의 창작 의욕에 자극을 받고, 나도 더러 뭔가 써서 보내곤 하였다. 동생 뻘 되는 후배에 대한 애정에서였는지, 권태응 형은 내 글과 편지 솜씨에 대하여 칭찬과 격려를 아끼지 않았다.

"나는 몸이 약해서 동요와 같이 가벼운 것밖에 못하지만, 태길이는 좀더 본격적인 문학 활동을 해보지 그래."

이런 말을 하면서 핼쑥한 얼굴에 미소를 머금기도 한 동요작가 권태응 님. 그분은 6·25 때 34세의 젊은 나이로 세상을 떠났다. 애석하기 이를 데 없다. 그래도 탄금대에 올라 그의 노래비 앞에 서면, 지금도 그분의 생명을 실감하며, 예술의 힘이 큼에 감개무량하다.

해방을 충주에서 맞이했다. 그해 초겨울쯤이었다고 기억한다. 후일에 국회의원도 지낸 K씨가 그의 아우와 중심이 되어『꽹과리』라는 지방 문예지(地方文藝誌) 비슷한 것을 발행한 것이다. '비슷한 것'이라고 말한 이유는, 그 질이나 양에 있어서 소꿉장난의 단계를 벗어나지 못했기 때문이다. 하여간 재간이 놀라운 K씨 형제가 원고도 주로 쓰고 등사판도 자기네가 밀고 해가며, 얄팍한 책자를 발행하였다.

꽹과리는 농악에 있어서 가장 많이 사용되는 일종의 타악기이다. 해방 직후의 농촌에서는 그것을 두드리며 만세도 부르고 친일파의 집을 두들겨 부수는 등 매우 소란하였다. 그 소란한 분위기를 상징한『꽹과리』의 청탁을 받고 글 한 편을 쓴 기억이 있다. 권태응 씨의 칭찬을 받기도 한 그 글의 내용의 일부는 지금도 생각이 난다.

그 당시 나에게는 매일 오후에 약 한 시간 정도씩 빠른 걸음으로 산책을 하는 습관이 있었다. 역전동에 있던 우리 집을 출발점으로 삼고, 호암제(虎岩堤) 또는 연수동(連守洞) 등 풍치가 좋은 곳을 골라 한 6킬로미터 정도 걸었다. 『꽹과리』에 실린 글은 그 산책 이야기로부터 시작되었다. 산책의 풍류를 찬미하면서 연수동 가는 길의 늦가을 아름다운 풍경을 소개한 구절도 있었다. 나는 그때, "같은 길을 걷더라도 갈 때 보이는 경치와 올 때 보이는 경치에는 차이가 있다"는 뜻의 말을 썼던 것으로 안다.

남산과 계족산(雞足山)이 만나는 마스막재 방향으로 뻗어나간 농로(農路)에는 마차 지나간 평행선이 파여 있었다. 좌우로 펼쳐진 논밭이며 평화로운 초가 마을 연수동을 멀리 왼쪽으로 바라보며 홀로 그 길을 걷던 26세 나 자신의 모습이 지금도 눈에 어른거린다. 나는 그때 한복에 코트를 걸치고, 해방된 젊은이의 꿈을 가득히 안고서, 그 길을 활기 있게 걸었던 것이다.

산책을 마치고 돌아오는 길에 어떤 새로운 간판이 보이기에, 나는 무턱대고 그 사무실로 들어섰다. 간판의 이름은 생각나지 않으나, 무슨 '자치회'(自治會)인가 하는 따위의 정치적 색채를 가진 곳이었음에 틀림이 없다. 그때만 해도 정치에 관심이 컸고, 또 충주의 지도급 인사로 자처한 나였기에, 아주 자연스럽게 그 문을 열었을 것이다.

사무실에는 7, 8명의 남정네들이 난로를 둘러싸고 앉아 있었다. 아는 사람은 한 사람도 보이지 않았으나, 나도 그 틈에 빈자리 하나를 발견하고 끼여들었다. 무슨 볼일로 온 사람이냐고 묻는 이도 없었고, 내가 먼저 말을 할 필요도 없었다. 두 팔을 뻗고 손을 녹이면 되었다.

내가 들어온 데 대해서는 아무 관심도 없는 듯, 그들은 잡담을 계속하였다.

"수일 내로 김구(金九)가 돌아온다지?"

"글쎄 그렇다나 봐."

"도대체 그 자가 무엇하러 온대! 중국에서 갖은 못된 짓을 한 주제에, 애국자연하고 돌아오겠지."

"누가 아니래. 그 따위는 돌아와도 소용없어. 누가 받아주기나 한대."

나는 그들의 이야기에 납득이 가지 않았다. 아버지로부터 늘 김구 선생의 이야기를 들어 왔던 까닭에, 나는 그분을 민족의 영웅으로 알고 있었다. 그런 분의 귀국은 크게 환영해야 할 경사일 터인데, 장거리의 불량배를 이야기하듯 매도하는 것이 아닌가.

하도 뜻밖이어서 나는 하나의 질문을 던졌다.

"그런데 김구 선생이 중국에서 어떤 못된 짓을 했습니까?"

"그것은 나도 모르오. 그 자가 귀국하면 그 죄상은 차차 밝혀지겠죠."

한 험상궂은 중년 남자가 나를 흘긋 훑어보며 대꾸하였다.

나는 더 이상 말을 하지 않았다. 그리고 곧 그곳을 떠나 집으로 돌아왔다.

『꽹과리』에 실린 내 젊은 글의 후반부는 그 사무실에서 듣고 본 바에 관한 묘사와 소감으로 채워졌다. 뭐니뭐니 해도 민족의 영웅으로 알려진 사람을, 구체적인 지식도 없이, 경솔하게 마구 욕하는 태도를 꾸짖는 말로 끝을 맺었다. 자세히는 모르나, 천진난만한 학생의 순진한 발언을, 지방 유지의 발언인 양 정색하고 한마디 한 것일 게다. 그렇더라도 그 원고가 남아 있으면 하는 아쉬움이 있다.

해방 직후에 잠시 충주여자고등학교에서 강사 노릇을 한 일이 있다. 영어와 체육 그리고 국어를 맡았다. 교사가 세 사람밖에 없었던 것이다. 『한글 맞춤법 통일안』을 재빨리 구하여 익힌 덕분에, 당장에 '실력 있는 국어 교사'로 통하게 되었다.

중학교 이상에서는 우리말 교육을 받지 않은 학생들이라 그들의 국어 실력은 아주 말이 아니었다. 그러나 학습의 효과는 놀랍게 빨라서 곧 우리말로 글을 쓸 수 있게 되었다. 졸업한 뒤에 편지 한 장 못 쓰는 '교육받은 여성'이 되어서는 안 된다는 생각에서, 글짓기 숙제를 많이 냈던 것이다.

약 3개월 가르친 뒤에, 전교생을 대상으로 '좋은 글 현상 모집'이라는 것을 실시했다. 상당히 여러 편의 응모작 가운데서, 당선작 한 편과 가작 두 편을 뽑아냈다. 채점 결과 세 사람의 심사위원의 견해가 완전히 일치했음을 보고, 글의 평가에도 어떤 객관성이 있음을 알고 기뻤다.

여담이지만, '현상 모집'이라고 했는데 상을 줄 예산은 없었다. 궁여지책으로, 내가 쓰던 헌책 몇 권을 상품으로 내놓았다. 시상식 때 교장 서리는 그 상품의 출처에 대해 전혀 언급하지 않았다. "교육상 좋지 않을 것 같아서"라고, 나에게 개인적으로 해명했던 그 교장 서리는, 강사인 주제에 열을 올리며 설친 나를 몹시 못마땅하게 여기고 있었다.

### 5. 김진섭 선생과 『민족공론』(民族公論)

해방 이듬해인 1946년 1월에 서울대학교의 전신인 경성대학(京城大學)에서 편입생을 모집했을 때, 나는 철학과에 들어갔다. 그 당시 독일어를 담당했던 김진섭(金晋燮) 선생이 하루는 나를 연구실로 불렀다. 『민족공론』(民族公論)이라는 잡지에 실을 글을 하나 쓰라고 이르기 위해서였다. 내가 일본에서 다닌 학교가 소위 명문(名門)이라는 그 한 가지만을 근거로 한 번 써보라고 한 것으로 보인다. 김진섭 선생이 유명한 수필가라는 것을 알게 된 것은 얼마 뒤의 일이고, 그 뒤에도 나는 그분의 수필을 별로 좋아하지 않았다. 내가 가장 싫어하는 현학적 색채가 있다고 보았기 때문이다. 그분을 직접 대한 인상에는 조금도 현학적인 데가 없었으니, 아마 내가 잘못 본 것일지도 모른다.

이제야 내 글이 빛을 보나 보다 하는 어리석은 만족감을 느끼며, 열심히 한 30장 써다 드렸다. 제목은 생각이 나지 않으나, 해방 직후 분수도 모르고 설치던 때라, 아마 '민족의 진로'나 뭐 그런 문제에 대해서 썼을 가능성이 크다.

교지(校誌) 아닌 일반 잡지에 내 글이 실린 것을 보았을 때, 응당 크게 기뻐했을 법한 일인데, 그러한 감격은 기억에 없다. 오자가 많고 인쇄가 조잡해서 그랬는지, '학생 논단'이라는 표제가 붙어 있어서 그것이 못마땅했는지, 그 이유는 알 수가 없다. 그 당시의 대학생들 가운데는 자신을 한갓 '학생'이라기보다는 이 나라의 '지도자'라고 생각한 사람들이 많았다. 나도 그 축에 들었을 가능성은 크다.

그 가능성을 뒷받침하는 사실이 하나 있다. 나는 『민족공론』에 실린 내 글에 대한 원고료가 당연히 있을 것으로 기대했던 것이다. 내가 만약 일개 학생의 신분에 만족했다면, 실어준 것만으로도 감지덕지했을 것이다. 아마 그 잡지가 적자 운영이어서 김진섭 선생 자신도 원고료는 못 받았을지 모른다. 그러나 그 당시의 나에게는 그런 상식은 전혀 없었다. 그러면서 '원고료'라는 개념은 알고 있었으니, 사람은 자기에게 유리한 상식부터 배우는 것일까?

경성대학이 '서울대학교'로 이름이 바뀌고, 그 가운데 '문리과 대학'이 첫 졸업생을 낼 무렵에 작은 신문 하나를 발간했다. 그 신문에 내 글이 한 편 실렸다. 「이런 생각 저런 생각」이라는 제목의 단상(斷想)이었다. 어떤 경위로 실리게 되었는지 기억이 모호한 이 글에 대하여 인사 또는 언급을 한 사람들이 있었다. "학생의 글 치고는 제법"이라고 서울여자의과대학의 현모(玄某) 교수가 말하더라고 전한 사람도 있었다. 그가 백운길(白雲吉) 형같이 기억되나 착각일지도 모른다.

「이런 생각 저런 생각」에 대한 촌평(寸評) 가운데 다음과 같은 것이 있었다. "이런 생각 저런 생각 머리에 떠오르는 대로 자연스럽게 써나간 듯하지만, 생각 많이 해서 쓴 글이던데."

칭찬 같기도 하고 꼬집음 같기도 한 이 말을 한 것은 일본 제삼고등학교의 동창생이었다고 기억한다. 다만, 그가 전해종(全海宗) 형이었는지 또는 한상준(韓相準) 형이었는지는 분명치 않다. 그 두 사람 중 누구인지 알게 되는 날, 그 말이 칭찬이었는지 꼬집음이었는지도 짐작이 갈 것이다.

보통학교 어린이 시절의 글짓기로부터 서울대학교 문리과 대학 신문에 실린 글까지를 돌이켜볼 때, 거기에 공통된 치명적 결함이 있었다는 것을 뉘우친다. 한마디로 말해서 겉멋이 들었던 것이다. 어린이면 어린이답게, 학생이면 학생답게, 순진하고 솔직한 글을 썼어야 했을 것이다. 그런데 나는 겉멋이 일찍 들어서 어른들의 흉내만 낸 것이다. 분수에 맞는 제 자신의 생각을 제 자신의 말로 표현했어야 했다. 그러나 나는 엉뚱하게도 분수를 모르는 '멋진 글'을 쓰려고 무리를 한 것이다. 내 모교들의 교지에 실어주지 않은 것은 당연한 판정이었다.

『수필문학』, 1979. 4

# 수필과의 인연

## 1. 차주환 선생과 '금붕어' 다방

6·25의 휴전 협정이 이루어지던 1953년에는 청주여자고등학교에서 교편을 잡고 있었다. 휴전 성립의 소식을 듣고, 그 학기의 수업만 마치고는 곧 서울로 돌아왔다. 서울에 직장을 먼저 구해 놓고 올라오는 것이 순서였겠으나, 젊은 혈기에 무작정 짐을 쌌던 것이다.

설마 어떻게 되겠지 하는 막연한 믿음이 있었으나, 서울에 와 보니 세상일이 뜻 같지 않았다. 명륜동에 가졌던 집이 좀 큰 편이어서 방 두 개만 남기고 모두 월세를 놓기로 하였으나, 그것만으로는 식생활이 어려웠다. 그나마 월세를 받아내기도 쉬운 일이 아니다.

뜰아랫방에 세든 사람들은 우리보다도 젊은 부부였다. 직업이 은행원이었다고 기억되는 남자는 자기 부인이 나에게 제자 뻘이 된다고 하면서 몹시 공손하게 대해 주었다. 그러나 나에게 가장 긴요한 월세는 낼 생각을 하지 않았다. 기다리다 못해 어려운 사정 얘기를 했더니, "대학 교수가 돈만 안다"고 소문을 퍼뜨리고 떠나 버렸다. 나는 그때 서울여자의과대학에서 겨우 한 강좌짜리 강사의 자격을 얻고 있었던 것이다.

아는 친구 찾아다니며 취직 걱정을 했다. 현재 숙명여대 교수로 있는 이정훈(李正勳) 형이 "한 군데 소개할 데가 있다"고 하며 데리고 간 곳이 있었다. 연세대학 교수인 정경석(鄭庚錫) 선생의 집이다. 위치는 혜화동이었다고 기억한다.

이번에는 정경석 선생이 나를 끌고 어디론가 갔다. '금붕어'라는 다방이었다. '금붕어' 다방에는 재미있는 그림이 걸려 있었다. 해변 모래밭에 수영복 차림의 남녀가 비스듬히 누워 있는 그림이다. 게 한 마리가 여자의 소담스러운 엉덩이를 슬그머니 집었다. 여자는 그것이 남자의 손길인 줄 착각하고 수줍은 미소를 짓는다. '고바우 영감' 김용환 화백의 사인이 있었다.

정경석 선생의 소개로 '금붕어' 다방에서 알게 된 사람은 차주환(車柱環) 선생이었다. 그 당시의 차주환 선생은 서울대 문리대에 강사로 나가면서 '상록학원'이라는 어학 강습소를 경영하고 있었다. 정경석 선생도 대학에 나가는 한편 그 학원에서 독일어를 가르치고 있었던 것이다.

차주환 선생은 그때만 해도 바싹 마른 체구였으나 벌써 대머리가 벗겨져서 꽤 나이가 들어 보였다. 원장이라는 지위도 있고 또 나이도 들어 보이기에, 나는 연장자로서 정중하게 그를 대하였다. 차 선생 측에서도 강사로 취직을 하고자 하는 나에게 의외로 공손하게 대해 주었다. 뒤에 들은 얘기지만, 차 선생은 나를 자기보다 훨씬 연장(年長)으로 보았다는 것이다.

상록학원의 영어 강사로 일거리를 얻도록 결정을 보기까지, 까다로운 질문 따위는 없었다. 내일부터 곧 나와서 '고급 영어'를 맡아 달라고 도리어 부탁을 하는 겸손한 태도였다. 더욱이 '고급 영어'를 맡기는 것은 나의 실력을 인정한 증거로도 볼 수 있어 감사하기 그지없었다.

그러나 그 '고급 영어'라는 것은 별로 실속이 없는 분야라는 것이 곧 밝혀졌다. 고급 영어 반(班)은 아침 새벽과 밤 늦은 시간에 가르치게 되어 있어서, 우선 출퇴근이 몹시 힘들었다. 『타임』지와 『뉴스위크』지를 교재로 사용하게 마련이었는데, 시사 영어에 생소한 나에게는 준비에 부담이 컸다. 불편한 시간 때문이었는지, 내 강의가 신통치 않기 때문이었는지, 청강생 수가 적었다. 청강생 수에 따라서 강사료를 계산하게 마련이니, 글자 그대로 식소사번(食少事煩)이다. 고급 영어 반이 나에게 돌아온 것은, 내 실력이 인정되었기 때문이 아니라, 경쟁자가 없었기 때문일지도 모른다.

### 2. 수필문학 지망생들

상록학원에서의 강사 노릇은 가정 경제에는 별로 보탬이 되지 않았다. 그러나 '차주환'이라는 친구를 얻게 되었으니, 뜻하지 않은 결과라 하겠다. 차주환 선생과의 친교로 말미암아, 나와 수필의 인연이 촉진되었고, 나는 이 사실을 비교적 중요하게 생각하고 있다.

어느 날 강의를 마치고 차를 나누었을 때, 차주환 선생이 수필 이야기를 끄집어냈다. 옛날부터 동양에 있어서는 수필이 문학 가운데서 매우 큰 비중을 차지해 왔다고 그는 전제하였다. 웬만한 선비들은 누구나 문집(文集) 한두 권 남겼다고 하면서, 중국 문학 전공자로서 여러 실례를 들기도 하였다. 수필은 현대에 있어서도 지성인들을 위한 좋은 취미요 멋있는 풍류라는 생각이 나도록 설득력 있게 말을 이어가는 것이었다.

사실 나에게는 수필에 관한 한 별다른 설득이 필요 없었다. 다만 어떤 계기 또는 조그만 자극만을 기다리고 있는 상태였다. 차 선생과 나는 그날로 십년지기(十年知己)처럼 가까워졌다. 나이도 따지고 보니 동갑이었다. 그러나 악수만을 굳게 나누었을 뿐 축배의 술은 들지 않았다. 상록학원은 적자 운영에 허덕이는 중이었고, 내 호주머니에는 전차표 값 정도밖에 남은 것이 없었다.

나는 본래 성미가 급한 편이다. 말로만 벼를 것이 아니라 당장에 수필 쓰기를 시작하자고 제언하였다. 차 선생은 두 사람만이 시작할 것이 아니라 장기근(張基槿) 선생도 끌어들이자고 제안하였고 나도 이에 찬동하였다. 장기근 선생도 중국 문학이 전공인 젊은 학자로서 대학에 나가는 한편 상록학원에서 영어와 중국어를 가르치고 있었다.

이를테면 세 사람의 수필 지망생 동인회가 생긴 셈이다. 세 사람이 첫 모임을 가진 그때가 언제였는지 기억이 분명치 않다. 아마 1954년 봄이었을 것으로 생각한다. 모인 장소는 동숭동 문리대 안에 있던 차주환 선생의 연구실이었다. 세 사람만으로는 좀 약하다고 생각했던지 회원을 늘리자는 의견이 나왔다. 역시 문리대에서 동양사학을 가르치던 전해종 형을 끌어들이는 데 일단 성공하였다. 그러나 그는 대접 삼아 한두 번 출석하고는 슬그머니 빠지고 말았다.

처음에는 매주 한 번씩 모이자고 하였다. 그저 모이는 것이 아니라 글을 한 편씩 써 가지고 모이자는 약속이므로, 그대로 지켜지기가 어려웠다. 빈 손으로 모여서는 의미가 적을 것 같아서, 자연히 더 간격을 두고 만나게 되었다.

각자가 쓴 것을 낭독하고, 그것을 들은 사람들이 평(評)을 겸하여 소견을 말하는 방식을 취했다. 수필에 대한 단평(短評) 품앗이 비슷한 것이다. 그런데 전체의 분위기는 서로 남의 작품을 칭찬해 주는 사교적인 방향으로 흐르지 않고, 비교적 냉정한 비판의 말이 많이 교환되었다. 서로 솔직하게 이야기했던 것이다.

서로 칭찬이나 하고 인사치레로 적당히 넘기는 것은 의미가 없다고 처음부터 합의가 되어 있었다. 그러나 막상 이견의 교환이 있고 보니, 각각 모두 불만이 있는 눈치였다. 다시 말해서, 자기의 작품에 대한 다른 사람들의 평언(評言)을 흔쾌히 받아들이지 않는 경향이 있었다. 자기 생각에는 잘된 것 같은데 좋은 점은 별로 말하지 않고 결점만을 들추어내는 것 같은 느낌을 서로 갖는 경향이 있었다.

본래부터 솔직하게 이야기하자는 약속이어서 그렇게 한 것인데, 듣는 편에서 별로 탐탁하게 여기지 않는 눈치고 보니, 말하는 쪽에서도 흥이 나지 않았다. 그렇다고 마음에 없는 찬사를 아끼지 않는 방향으로 태도를 바꿀 수도 없었다. 자연히 말수가 줄어들 수밖에 없었다. 남의 작품 낭독을 듣기만 하고, 다음은 조용한 시간이 뒤를 잇는다. 침묵을 깨기 위하여 발언을 할 때는 핵심을 찔러 말하기보다는 변죽을 두들기는 쪽으로 기운다.

묵살은 혹평만도 못한 것이다. 그래도 가끔 모여서 얼굴을 맞대고 또 설렁탕으로 회식도 갖게 되니, 다소의 친목은 될지 모르나,

본래의 의욕적이던 취지로 보면 미흡하기 짝이 없는 모임이었다.

세 사람이 각각 다른 두 사람의 작품에 대하여 큰 감명을 받지 못한 데는 두 가지 이유가 있었다고 생각된다. 하나는, 아직 습작(習作) 단계였던 까닭에 수필의 수준이 역시 떨어질 수밖에 없었고, 그러면서도 세 사람 자신들은 피차 아주 초보자로서 행세하지 않았다는 사실이다. 둘째는, 수필을 보는 견해 즉 수필관(隨筆觀)이 세 사람 모두 달랐다는 사실이다. 이 두 번째 사유가 더 근본적이었다고 생각된다.

문학이 전공이요 특히 도연명(陶淵明)에 심취한 차주환 선생이 생각한 '수필다운 수필'은 우선 문학성(文學性)을 첫째 기본 요건으로 삼았을 것이다. 차 선생은 다른 두 사람보다도 문장(文章)에 큰 비중을 두는 듯했으며, 자연과 삶에 대한 담담한 관조(觀照)와 유머를 강조하는 경향이 있었다.

장기근 선생도 중국 문학이 전공이었지만 성격은 차 선생과 매우 대조적이었다. 장 선생은 성미가 매우 팔팔하고 활동적이며 매사에 다정다감한 편이었다. 그런 성품인 까닭에 사회 문제 또는 현실 문제에 대한 관심이 비교적 높았던 것으로 짐작한다. 따라서 그는 수필에 있어서 가장 큰 비중을 '문제 의식' 또는 '사회 참여'에 두고 있는 듯하였다. 한가로운 사람들의 한가로운 붓장난이 이 어지러운 세상에 무슨 소용이 있느냐는 것이다. 실제로 장 선생이 써온 글들은 사회 비평 또는 시론(時論)에 가까운 것이 많았고 주장하는 바가 과격하고 직설적이어서, 수필에서 흔히 기대되는 부드러운 분위기는 적었다.

내가 그 당시 머릿속에 그렸던 '수필'은 앞의 두 사람들과 또 좀 달랐다. 철학을 공부한 탓인지 도대체 문학적인 수필을 거의 읽어본 적이 없었다. 우연한 기회에 이광수(李光洙)의 「우덕송」(牛德頌)을 읽은 일이 있지만, 춘원(春園)답지 않게 시시한 글이라고 느꼈을 뿐이다.

나는 몽테뉴나 베이컨의 에세이를 수필의 모범으로 믿고 있었다. 일본에서 고등학교에 다닐 때, 상급생들의 '꼭 읽어야 할 책'이라는 추천을 받고 읽은 『산따로[三太郎]의 일기』, 『우상재흥』(偶像再興), 『인생론 노트』 등도 모두 철학자들의 저서였다. 이를테면 차주환 선생이 문학적 수필을 지향하고 있던 것과는 달리, 나는 철학적 수필을 마음속에 그리고 있었던 셈이다. 물론 수필을 '문학적'과 '철학적' 따위로 확연히 구별할 수 있느냐 하는 것은 논쟁의 여지가 많은 문제이다. 이 문제에 대해서는 다시 언급할 기회가 있을 듯하므로, 여기서는 상식적 구별에 신경을 쓰지 않기로 한다.

스스로 '철학적'이기를 원했던 나의 수필 습작(習作)은 그 소재를 삶의 크고 작은 문제들 또는 내면(內面)의 세계에서 구하는 편으로 기울었다. 예컨대, 우정, 취미, 고독, 허영 등 일반적인 문제를 다루되 딱딱한 논문체가 아니고 상식적이며 부드러운 필치로 전개하는 것을 수필의 전형(典型)으로 생각하였다. 그리고 또 필자의 내면 세계를 명상 또는 성찰(省察)의 형식으로 부드럽게 다루어도 좋은 수필이 될 것이라고 믿었다. (따라서 자신의 내면 세계의 기록으로서의 일기나 편지는 훌륭한 수필이 될 것이다.) 그리고 위에 말한 두 가지 중의 어떠한 유형에 있어서나 그 필자의 개성(個性)이 뚜렷이 나타나야 한다는 생각도 가지고 있었던 것으로 기억한다.

수필에 대한 세 사람의 견해가 서로 다르다는 것을 알았을 때, 우리는 피차의 글을 가지고 왈가왈부하기 전에 '수필' 그 자체에 대하여 의견을 교환할 필요가 있음을 느꼈다. 각자의 주관적 견해만을 고집할 것이 아니라 선배들의 이론도 알아보자는 의견이 환영을 받기도 하였다. 이 의견을 따라서 그때 함께 읽은 것 중에 김광섭(金珖燮)의 수필론이 있었던 것으로 기억한다. 대선배인 홍종인(洪鍾仁) 선생을 모셔다 고견을 들어보자는 의견도 나왔다.

홍종인 선생을 수필의 대선배로 생각한 데는 그 나름의 이유가 있었다. 김소운(金素雲) 선생이든가 최정희(崔貞熙) 선생이 쓴 수필집을 읽었을 때 그 서문 또는 발문(跋文)이 홍종인 선생의 글로 되어 있는 것을 보았다. 이에 홍 선생은 본래 문필가로 널리 알려지기도 했거니와 수필집에 서문 또는 발문을 쓸 정도라면 수필에 대해서도 일가견이 있을 것이 아니냐는 단순한 논리가 성립한 것이다.

그 당시 홍종인 선생과 나는 바로 대문과 대문이 마주보는 이웃에 살고 있었다. 따라서 홍 선생을 모시는 교섭의 책임은 자연히 내가 지게 되었다. 정식으로 방문하고 찾아 들어갈 배짱도 없었는지, 출근길에 나서는 것을 기다렸다가 노상에서 붙들고 교섭을 벌였다. 우리 모임의 취지를 소개하고, 수필의 본질에 대한 고견을 듣고 싶다고 청했을 것이다.

걸으면서 이야기하였다. 연구하는 자세로 수필을 쓰겠다는 태도에 대하여 홍 선생은 칭찬의 뜻을 표명했을 것이다. "본격적으로 수필을 쓰시겠다는 의도이신 모양인데…" 이런 말도 하신 듯하다. 그리고 자기는 수필의 전문가가 아니라는 사양의 말도 있었을 것이다. 같이 걸으면서 수필에 관한 이야기를 잠시 주고받았을 뿐, 그분이 우리 모임에까지 참석하지는 않았다. 본래 바쁜 분이라 완강히 거절을 한 것인지 또는 내 교섭이 미지근했던 때문인지는 생각이 나지 않는다.

홍 선생을 모시는 계획은 용두사미의 꼴이 되었지만, 우리는 우리끼리 수필의 바람직한 모습에 관하여 많은 이야기를 나누었다. 남의 충고를 당장에 받아들이지는 않더라도, 결국은 다소간의 영향을 받는 것이 인간의 심리인가 한다. 차 선생과 나는 의견이 조금씩 접근하기 시작하였다. 문학적 수필에는 문학적 수필로서의 맛이 있고, 철학적 수필에는 또 그것대로의 값어치가 있다는 식의 타협이었다. 그리고, '우정'이니 '허영심'이니 하는 문제를 추상적으로 다루는 철학적 접근보다는, 그러한 문제가 담겨 있는 구체적 체험을 중심으로 다루는 문학적 접근이, 적어도 초심자에게는 안전한 길이라는 데에도 의견이 일치하였다. 결국 내 생각에 더 많은 변화가 생긴 셈이다.

가장 변화가 적었던 것은 장기근 선생의 경우였을 것이다. 그는 끝까지 "사회 현실을 개조함에 도움이 되지 않는 한가로운 글에는 큰 의의를 인정할 수 없다"고 하는 당초의 견해를 굽히지 않았다. 여기서 생각나는 것은, 1956년 9월『사상계』(思想界)에 발표하여 일부의 화제가 되기도 하였던 나의「삼남 삼녀」(三男三女)에 대하여 장 선생이 던진 한마디다. "그러한 종류의 수필로서는 과연 매우 잘 됐다. 그러나…."

'그러나' 다음에 이어진 말은 잘 기억이 나지 않는다. 어쨌든, 그따위 부류의 수필에는 별 의의가 없다는 요지였을 것이다.

사상(思想)을 앞세우는 추상적 언어들로 구성된 수필보다도 일상적 체험을 소재로 삼는 구체적 언어의 수필 쪽이 접근하기 쉽다는 의견을 실천에 옮기기 위하여, 우선 몇 권의 책을 읽었다. 그러한 수법(手法)으로 쓰여진 남의 작품을 우선 좀 읽어보는 것이 빠른 길이라고 생각되었던 것이다. 김소운 선생의 『마이동풍첩』(馬耳東風帖)과 『목근통신』(木槿通信)을 읽은 것이 그때였고, 최정희 선생의 수필집도 한 권 읽었다. 스스로 배우겠다는 태도로 임했기 때문인지, 세 권 모두 흥미와 감동을 느끼며 읽을 수 있었다.

### 3. 발표작과 미발표작

세 사람의 수필 모임이 얼마나 오래 계속되었는지 기억이 흐리다. 그러나 세 사람 모두 대학에 전임(專任) 자리를 얻게 되면서 강의 준비 등으로 바쁘게 된 뒤에도 종종 모인 것으로 안다. 다만 모임과 모임 사이의 간격은 점점 멀어져 가는 경향이 있었다. 그러다 누가 한 사람 외국으로 떠난 것을 계기로 그나마 아주 끊어지고 말았던 것이 아닌가 한다.

모일 때 반드시 작품 한 편 가지고 나온다는 규칙을 가장 잘 지킨 것은 나 한 사람뿐이었다. 다른 두 사람은 서울대 문리대 학생을 상대로 전문적 강의를 해야 했으므로 부담이 컸지만, 나는 서울여자의과대학에서 늘 같은 교양과목만 맡고 있어서, 붓장난할 시간의 여유가 있었던 것이다.

습작의 횟수가 늘어감에 따라서 작품의 수준도 조금씩은 올라갔다. 나의 경우도 순전히 추상적인 글보다는 체험을 소재로 삼은 구체적 묘사로 기울어지면서 "좀 나아졌다"는 인정을 받기도 하였다.

 습작 가운데서 비교적 잘 빠진 것은 발표해 보자는 의견이 나왔다. 발표지는 주로 서울대학교의 『대학신문』(大學新聞)과 『사상계』였다. 세 사람의 작품이 『대학신문』 같은 호에 실린 적도 있었다. 청탁을 기다려서 실린 것이 아니라 가져다 떠맡긴 것인데, 그러한 교섭은 주로 차주환 선생이 수고하였다. 원고료를 받으러 대학 본부의 어느 구석방을 찾아 함께 간 일도 있었다. 안내자는 역시 차 선생이었다.

 내 수필 가운데 가장 먼저 발표한 것이 어느 작품인지 약간 아리송하다. 「서리 맞은 화단」이 그것이라고 나 자신 믿어 왔었다. 그러나 첫 수필집 『웃는 갈대』를 뒤져본 뒤로는 자신이 없어졌다. 「서리 맞은 화단」을 『사상계』에 발표한 것은 1955년 10월로 되어 있는데, 그보다 앞선 같은 해 5월에 「유행」이 『대학신문』에 발표되어 있기 때문이다. 전자는 늦가을을 소재로 삼은 것이며, 내 기억으로는 실경(實景)을 관찰하면서 집필하였다. 따라서 1954년 늦가을에 쓴 것이 분명하다. 한편 「유행」은 소매 없는 옷차림에 관한 것이니 여름을 소재로 삼았다고 보아야 할 것 같다. 그러나 여러 가지 사정으로 미루어볼 때, 이것은 1954년 여름에 쓰여진 것은 아니며, 1955년의 작품임에 틀림이 없다. 역시 「서리 맞은 화단」이 먼저라는 생각이 든다. 『사상계』의 1955년 10월호라는 것이 착오일지도 모른다.

 습작 단계에서 쓴 것들 가운데 발표하지 않은 것들도 상당히 많을 것이나, 거의 분실되고 말았다. 요행히 몇 편 남은 것이 요즈음 눈에 띄었다. 형편없는 수준이다. 그러나 활자화(活字化)해 두지 않으면 흔적도 없어지는 것이 아쉬워 부끄러움을 무릅쓰고 다음에 소개하기로 한다. 「취미」(趣味)라는 제목이 붙은 첫째 것은 1954년 10월 14일 밤에 쓴 것이다.

### 취 미

　벌써 오륙 년 전 일이다. 인척관계로 내가 형님이라고 부르는 T 씨가 아버지를 뵈러 온 길에 내 방에까지 들렀다. 평범한 인사말로 환영하는 나에게 T씨는 문턱에 발을 들여놓기가 바쁘게 다음과 같이 퍼부었다.
　"자네는 이런 좋은 일기에도 방안에 들어 박혀서 책공부만 하긴가. 도대체 자네는 무슨 재미로 인생을 사는가? 젊은 사람이 술담배도 안하고 영화 구경도 안 가고…. 공부도 좋지만 사람이 취미도 좀 있어야지…."
　나는 한참 동안 대꾸를 하지 못하였다. 분노랄지 곤혹이랄지, 형언키 어려운 불쾌한 감정이 말문을 막았기 때문이다. 한참 침묵이 있은 다음, 나는 좀 불만한 어조로 이렇게 대답하였다.
　"술담배를 안 한다 하여 취미를 모른다고 단정할 수가 있습니까. 형님은 언제 제가 극장에 안 가는 것을 보셨습니까. 저는 아무 동반자 없이 영화나 운동 경기를 구경가는 취미를 가졌습니다. 동반자가 없으면 좀 심심한 대신에 타기 싫은 버스를 피하여 걸어갈 자유가 있습니다. 구경이 재미없으면 중간에 나올 자유도 있습니다. 그밖에도 저에게는 취미가 있습니다. 저는 홀로 산에 올라갑니다. 일요일이면 북악 상봉에 서서 두 시간 이상 시가를 내려다봅니다. 그리고 하늘의 아름다움을 바라보는 취미가 있습니다. 저녁노을 아침노을은 놀라운 화폭입니다. 맑게 개인 밤하늘에 금가루처럼 뿌려진 별들을 바라보면, 인간사의 사소한 근심들이 시원히 씻겨 내립니다. …"
　술담배가 취미의 전형같이 생각되는 것은 교양이 경박한 탓이라고 반박하고도 싶었다. 주색을 좋아함이 바로 호걸의 증거인 양 자부하고, 그렇지 않은 사람 앞에서 함부로 우월감을 떨치는 것은 좋지 못한 '취미'라고 비꼬아주고도 싶었다. 그러나 십 년이 연장인 그분에게 나는 차마 그 소리를 입 밖에 내진 않았다. (이하 생략)

다음은 「오해」(誤解)라는 표제가 달린 것으로서, 앞의 「취미」보다 이틀 뒤인 '1954년 10월 16일'이라는 날짜가 말미에 붙어 있다. 이것은 앞의 것보다도 더욱 졸작이다. 기본 역량이 부족한 탓도 컸겠지만, 이 글을 쓰던 순간의 흥분된 상태가 붓대를 더욱 옆길로 가게 했을 것이다. 나는 그 무렵에 실제로 가까운 친구로부터 억울한 오해를 받고 있었던 것이다.

오 해

꼼짝없이 오해를 당하는 경우가 있다. 바꾸어 놓고 보더라도 상대편이 그렇게 생각하는 것이 너무나 당연하고 또 자연스럽다. 허나 사실만은 결코 그렇지 않은 경우, 그 진상을 아는 사람은 오직 나뿐이다. 그러나 세상은 본인의 증언을 믿어주려 하지 않는다.

상대가 대단찮은 사람이라면 오해를 하건 곡해를 하건 멋대로 하게 내버려두면 그만이다. 그러나 상대편이 내가 진실로 사랑하거나 존경하는 사람인 경우 문제가 그리 간단하지 않다. 타산적으로 거래하는 사이라면, 때로 속기도 하고 속이기도 하는 것이 우리가 사는 세상에서 오히려 예사롭다. 그러나 세상 사람을 다 속여도 그 사람에게만은 신의를 지키고 싶은 사람이 있다. 바로 그 사람이 오해를 하는 데야. 그리고 그 오해가 두 사람 사이에 메울 수 없는 고랑을 파고야 말 성질의 것인데야.

이 오해는 꼭 풀지 않으면 아니 된다. 그러나 방법이 없다. 발뺌이 될 만한 물적 증거가 있는 바에야 무슨 걱정이랴. 허나 이런 경우의 오해란 대개 동기(動機)에 관한 것이다. 물적 증거가 있을 리 없다. 사필귀정이라니 오해가 저절로 풀릴 때까지 기다릴 것인가? 또는 자존심을 굽히더라도 누누히 변명할 노릇인가?

(중략)

인간적인 성의로 말하면, 오해를 받거든 자세히 해명함이 정도(正道) 중의 정도이다. 그러나 실제에 있어서는 성의를 다한 변명으로도 오해는 쉽게 풀리지 않는다. 변명은 자칫하면 상대방의 의심에 부채질을 하는 결과를 부른다. 상대가 나를 위선자로서 미워할 때 나의 성의가 도리어 간사로 보이는 또 하나의 오해가 추가된다. 그는 쓸쓸한 어조로 말을 자른다. "이제 오해는 죄다 풀렸으니 그만두라"고.

'지성이면 감천(感天)'이란 고마운 말씀이다. 그러나 천(天)은 필시 인간의 벗은 아니다. 현대인의 지성은 인간이 느껴주기를 염원한다. 허나, 천(天)은 모르거니와 인간사에 있어서는 지성(至誠)도 통하지 않는 구석구석이 있다. 통하건 말건 내 성의나 다하고 운명이 주는 바를 기다릴 것인가? 모두 다 내던지고 산길로 들 것인가? 사필귀정(事必歸正)도 미덥지 아니하니….

『수필문학』, 1979. 5

# 무성한 잡초

1. 해학의 시도

1955년 여름 고려대학교 신문에 「유머에 관하여」라는 글을 실은 적이 있다. 원고지 50장 정도 길이의, 논문도 아니요 수필도 아닌 이 글은 다음과 같은 말로 시작되고 있다.

　웃음은 슬픈 때를 위하여 있고
　울음은 기쁜 때를 위하여 있다.
　이에
　인생이 슬프다는 현실은
　'웃고 살라!'는 결론을 재촉한다.

이 말은 해방 직후에 충주여자고등학교에서 교편을 잡았을 때 교실에서 한 말을 다듬은 것이다. 교실에서 강의 도중에 그런 말이 우연히 튀어나온 것인지, 그 전날 밤에 생각난 말을 간직해 두었다가 써먹은 것인지는 알 수 없다.

어린 시절의 내 별명은 '울남이'였다. 누가 조금만 야단을 치거나 나무라면, 곧 무안을 타고 우는 것이다. 짓궂은 사람이 장난삼아 "태길이 우네, 저거 봐 우네"라고만 하여도 비죽비죽 울기 시작하였다. 그 꼴을 본 집안 어른들은, "사내 대장부가 그렇게 울기를 잘해서 무엇에 쓰느냐!"고 나무란다. 그러면 이젠 "으앙!" 하고 아주 본격적으로 우는 것이었다.

나는 울지 않는 사람이 되겠다고 결심하였다. 어린이 나름의 어떤 노력도 했을 것이다. 그 결과 울지 않는 데 성공하였다. 보통 사람들이라면 울고 말 불행한 일을 당해도 울지 않았다. 슬퍼서 모두 통곡을 하는 상황에서 울음이 나오지 않아 난처할 때도 있었다.

슬픔이나 고통을 당해서는 울지 않았으나, 그 대신 감격스러운 일 또는 몹시 기쁜 일을 당하면 눈물이 쏟아졌다. 남의 일이라도 그것이 매우 장하고 감축할 일이면 눈물이 흘렀다. 영화에서도 그런 장면을 보면 울었다. 여기서 나는 "울음은 기쁜 때를 위하여 있다"는 말을 얻은 것이다.

언제부터 그렇게 되었는지는 모르겠으나, 나는 세상의 어두운 면을 돋보는 버릇을 갖게 되었다. 세상이 온통 비극의 무대로 보이기도 하고, 모두가 덧없고 허무하다는 생각이 들기도 하였다. 그래서 자연히 나는 우울한 얼굴을 가질 때가 많았다.

사람들은 왜 그리 표정이 어두우냐고 물었다. 어디가 아프냐고 묻기도 하였다. 웃는 얼굴이 건강에도 좋다고 충고하는 사람도 있었다. 술을 마셔보라고 권유하기도 하였다.

그들의 말이 옳은 것같이 느껴졌다. 굳이 찌푸리고 살 필요가 없다는 생각이 들었다. 세상이 어둡고 슬프면, 그럴수록 얼굴이라도 웃고 사는 것이 좋을 것이다. 어차피 이리 가나 저리 가나 한 평생인데, 슬픔도 기쁨도 따지고 보면 결국 물거품 같은 것인데, 공연히 심각한 나 자신이 정말 측은하기도 하고 또 우습기도 하였다. 여기서 나는 "웃음은 슬픈 때를 위하여 있다"는 말을 얻게 되었다. 그리고 슬플 때에 웃는 것은 기쁠 때 웃는 것보다도 더 값진 것이라고 믿기 시작하였다.

30세를 전후해서 나는 한때 성격학(性格學)에 깊은 관심을 가진 적이 있다. 내 성격에 결점이 있다는 것을 알고 그것을 고쳐보자는 것이 동기의 출발이었다.

올포트(G. W. Allport)의 『성격학』을 읽는 가운데 유머에 관한 부분이 있었다. 그것을 읽고 나는 유머가 웃음 중에도 가장 성숙한 웃음이라는 생각이 들었다. 단순한 풍자(諷刺)나 익살과도 다른 격조 높은 유머의 귀중함을 절실히 느꼈다. 바로 이러한 느낌에 자극되어서 붓을 든 결과가 「유머에 관하여」라는 글이었다.

'유머'의 개념을 되씹으면서 생각난 것이 "수필에 있어서 유머가 매우 중요하다"고 한 차주환 선생의 말이었다. 글을 쓰는 순간만이라도 유머를 갖는다면 다행한 일이 될 것 같았다. 내 글을 읽는 독자도 함께 웃어준다면 더욱 큰 보람이 될 것이라는 생각도 들었다.

해학적인 글을 쓰고 싶은 소망이 바탕에 깔려서 그랬는지, 붓을 들다 보면 해학적인 기분이 솟을 때가 있었다. 물론 소재의 특색에서 오는 심리의 변동일 것이다. 해학적인 기분을 따라 붓을 움직이면 유머가 담긴 글이 나오는 것은 당연한 결과라 하겠다. 이렇게 해서 내 수필 가운데도 해학이 담긴 작품들이 여러 편 생기게 되었다. 첫 번째 수필집 『웃는 갈대』(1962) 속에 특히 그 부류의 것이 많다. 「삼남 삼녀」(三男三女), 「꾀꼬리」, 「영광」(榮光), 「화장실」, 「이층에 사는 사람들」, 「창문」(窓門), 「홀아비의 방」, 등이 그것이다.

두 번째 수필집 『빛이 그리운 생각들』(1965) 가운데도 해학을 의식한 것들이 있으나, 전체 편수(篇數)에 비하면 해학의 경향은 줄어든 것으로 나타났다. 그래도 그 가운데 「부엌 언니」, 「산신당」(山神堂), 「설당직매소」(雪糖直賣所), 「토깽이의 허세(虛勢)」, 「몸무게가 늘 때」 등 기억에 남는 것들이 있다.

1968년에 세 번째로 낸 『검은 마음 흰 마음』에 이르러 해학의 경향은 현저하게 줄어들었다. 「남녀유별」(男女有別: 뒤에 「만생기」(晚生記)로 제목 바꿈)과 「꿀단지」단 두 편뿐이다. 나이가 들수록 성숙한 웃음인 유머가 늘었어야 옳을 터인데 그 반대 방향으로 흘렀으니, 그 전의 경향이 다분히 의도적이었다고 볼 수 있을 것이다.

『검은 마음 흰 마음』 이후에는 한동안 해학적인 글은 한 편도 보이지 않는다. 1974년에 이르러 겨우 「이발소」 한 편으로 옛 모습을 되찾았다. "웃음이 슬플 때를 위하여 있는 것"이라면, 그 동안은 슬픔이 없었다는 것일까? 슬픔이 지나치면 웃음도 소용이 없다는 것일까?

## 2. 「낙엽」 그리고 「삼등석」

편수가 그리 많지는 않지만, 어둡고 침울한 글도 썼다. 더러는 감상적인 것들조차 있다. 「석양」(1958), 「세월— 옛 수첩에서」(1955), 「구름 갠 하오(下午)」(1963), 「아담의 후예(後裔)」(1961), 「낙엽」(1974), 「추상」(秋想, 1974), 「얇은 슬픔이다」(1974) 등이 그것이다.

이러한 글들은 앞에서 말한 해학적인 작품들과는 아주 대조적이다. 같은 사람에게도 정반대의 두 측면이 있기 때문이라고 설명할 것인가? 아니면, 같은 마음이 그 표현만을 달리했을 뿐이라고 설명할 것인가? 어쨌든, 저 두 가지가 모두 나 자신의 거짓 없는 노출임에는 틀림이 없다.

내 성격의 본래 바탕으로 본다면, 어둡거나 감상적인 글이 좀더 많아야 옳을 것이다. 아마 내가 그쪽 경향을 애써 억제했을지도 모른다. 침울과 감상주의(感傷主義)는 역시 권장할 만한 미덕은 못 된다고 믿어 왔기 때문이다.

「낙엽」은 나로서는 애착이 가는 작품이다. 애착은 가지만 다시 읽어보기보다는 꼬옥 덮어두고 싶은 그런 심정이다. 내 수준으로 볼 때 글은 잘된 편이라고 생각되지만, 그 글을 읽고 무거운 기분이 될까봐 두려운 것일 게다. 어느 해 늦가을에 우연히 그 글 생각이 나서 다시 읽어본 일이 있다. 찾아온 제자들이 듣는 데서 읽었다. 바로 그 날 그 시간에 나는 세상에 못 당할 일을 당한 것이다.

1963년 늦가을에 어느 신문사로부터 가을에 관한 수필을 쓰라는 청탁을 받았다. 동숭동에 있던 문리과 대학에 자리 하나를 얻은 지 1년 좀 지났을 무렵이다. 내 연구실은 동쪽으로 창문이 나 있었다.

갠 날도 연구실은 음산하였다. 원고지를 앞에 놓아야 생각이 떠오르는 것이 내 버릇이기에, 우선 종이부터 꺼내어 펜을 들었다. 창 밖에는 낙엽이 지고 있었다.

날이 차기 때문이었을까? 하오(下午)의 교정에는 인적조차 드물다. 음산한 연구실의 공기가 더욱 싸늘하다. 좁은 유리창을 통하여 조락(凋落)의 풍경을 바라보며 나는 삶 그 자체의 덧없음을 느껴야 했다. 그럴수록 인생이 아주 허무한 것은 아니라는 위로의 철학이 필요하였다. 그러한 느낌과 바람을 바탕에 두고 쓴 것이 바로 이「낙엽」이다.

세상의 어두운 면이 눈에 잘 뜨이는 사람은 사물에 대하여 비판적인 경향을 갖기가 쉽다. 정면에서 곧바로 비판하는 것은 수필 본래의 형식이 아니다. 약간 송곳 끝을 숨기고 엇비슷하게 말해야 한다. 그렇게 하다 보면 글에 독기(毒氣)가 서리기 쉽다. 풍자 정도에서 멈추면 좋으나 독기에 이르는 것은 수필의 정도(正道)가 아님을 깨달은 것은 낫살이나 들은 뒤의 일이다. 40대 종반 이전의 내 글에는 독기가 서린 것들도 적지 않을 것으로 안다. 그러나 위인이 본래 아주 독하지는 못해서, 약간 그런 기미를 보이다 만 정도일 것이다.

독기가 서린 글은 주로 단상(斷想)의 형식으로 많이 썼다. 글은 구수하거나 매워야 한다는 생각을 꽤 오래 가지고 있었다. 물에 물 탄 듯 싱겁디싱거운 글은 지금도 별로 좋아하지 않는다. 좀 짤짤하게 쓰는 데는 말수가 적은 편이 좋을 것이다. 그래서 한때 단상의 형식으로 쓰기를 좋아한 적이 있는데, 짤짤하게 쓴다는 것이 자칫하면 독살스러운 것이 되곤 하였다. 독살스러울 것까지는 없고 좀 고집스럽다고 말하는 편이 가까울까.

단상 형식의 글을 좋아한 것은 학생 시절부터였다. 일기의 형식으로 쓰여진 단상집으로 볼 수 있는 아베 지로(阿部次郎)의 『산따로(三太郎)의 일기』를 거듭 탐독하면서, 당시 고등학생이었던 나는 그 재치 있는 경구(警句)들에 매혹되었다. 짐멜(Simmel)의 단상은 좀 어려웠지만, 철인(哲人)의 멋있는 소리를 듣는 듯한 감격이 있었다. 나도 그렇게 멋있는 글이 써보고 싶었다. 설익은 사색으로 멋만 앞세우다 보니, 멋이 멋이 아니라 겉멋으로 그친 것이 탈이었다.

단상 형식이 아닌 수필 가운데도 세상을 꼬집은 글들이 더러 있다. 「삼등석」(三等席), 「부러운 직업」, 「공무원」, 「왕진」(往診)과 같이 권세나 금력을 꼬집은 것도 있고, 「거울 앞에서」, 「법이 소용없는 사람」과 같이 나 자신을 꼬집은 것도 있다.

아예 도학자의 냄새를 피우는 설교조로 나온 것도 있다. 처음에는 비교적 잘 나가다가도, 끝머리에 가서 교훈적인 말로 사족을 다는 나쁜 버릇이 있었다. 철학 가운데서도 윤리학을 전공으로 삼은 데서 온 부작용일 것이다. 수필에서는 필자가 결론을 내릴 것이 아니라 판단은 독자에게 맡겨야 한다는 것을 깨닫게 된 것은 마흔이 훨씬 넘은 뒤의 일이다. 설교와 훈시로 일관된 남의 글을 읽으면서 역겨웠던 경험이, "나는 그런 글 쓰지 않아야 하겠다"는 교훈을 주었다.

새로 수필집을 편집하고자 할 때와 같이, 어떤 필요가 있어서 내 자신의 옛 수필을 다시 훑어볼 때가 있다. 그럴 때에 가장 화가 나는 것은 설교조의 글을 만났을 경우이다. 그럴 경우에는 대개 끝까지 읽어보지 않고 다음 것으로 옮겨간다.

수필에서 설교를 하면 왜 안 되느냐고 자문(自問)해 본다. 설법(說法)은 문학이 될 수 없다는 대답으로는 납득이 가지 않는다. 몽테뉴의 수상은 많은 교훈으로 이어지고 있으나, 수필문학의 고전으로서 높은 평가를 받아 왔다. 그리고 플라톤의 『소크라테스의 변명』이나 니체의 『짜라투스트라는 이렇게 말했다』에 문학적 가치를 인정하는 견해도 있으니, 어떤 종류의 글이 문학이냐 아니냐 하는 문제는 그리 간단할 것 같지가 않다.

수필이 반드시 문학이 아니면 가치가 없다는 주장도 받아들이기 어렵다. 논문도 아니요 문학도 아니어서 넓은 의미의 '수필'이라고밖에 볼 수 없는 글들이 있다. 그런 글 가운데도 소중한 것들이 많다. 남다른 체험을 다룬 수기(手記)에도 그런 것이 있고, 재미있게 엮어진 기행문에도 그런 것이 있다.

생각컨대, 설교하는 수필에서 역겨움을 느끼는 이유는 주로 두 가지가 아닐까 한다. 첫째는, 우리 주변에서 흔히 보이는 교훈적 '에세이' 따위가 품고 있는 사상의 수준이 상식을 크게 벗어나지 못하기 때문일 것이다. 옛날의 성현들이 벌써 말한 것을 표현만 좀 바꾸어 제 것인 양 큰소리를 치는 것이 얄미운 것이다. 진실로 새롭고 깊은 철학이 담긴 수필이라면, 비록 설교로 가득 차 있다 하더라도, 그 앞에 무릎을 꿇고 절함이 마땅할 것이다.

둘째는, 그 설교 가운데 위선(僞善)을 느끼기 때문일 것이다. 자기도 실천 못하는 교훈을 마치 성현 군자나 되는 듯이 설교한다. 교육의 책임을 지는 부모나 교사는 자녀 또는 학생들에 대하여 자기 인격 이상의 훈계나 훈시를 할 필요가 생길 때가 있다. 그러나 수필의 독자를 일정한 계층에게만 국한하기는 어려운 일이다. 물론 어린이 또는 학생들을 위한 전문적 잡지나 신문의 경우는 문제가 다를 것이다. 혹시 내가 학생들만을 위해서 쓴 책을 잘못 읽고 편견에 빠진 것일지도 모른다.

### 3. 「복덕방 있는 거리」와 「새벽」

1957년 7월에 미국으로 유학길을 떠났을 때, 나는 상당히 여러 권의 원고지를 가방 속에 챙겼다. 미국에 머무는 동안에도 수필을 쓰자면 그 준비가 필요하리라고 생각한 것이다. 원고는 처음부터 원고지에 쓰는 것이 내 버릇이다. 다른 종이에 썼다가 원고지에 옮기는 방법에는 익숙하지가 못하다.

본토로 건너가기에 앞서서 하와이에 6주일 머물었을 때, 우선 「하와이 인상기(印象記)」라는 것을 썼다. 써서 바로 차주환 선생에게 보냈더니, 『대학신문』에 실렸다고 회신이 왔다.

볼티모어에서의 2년 반은 학업에 쫓기는 나날이어서, 자주 붓을 들기는 어려웠다. 그래도 충동이 일 때마다 시간을 내어 「석양」, 「홀아비의 방」 등 열한 편을 얻었다. 첫해에 쓴 것은 역시 차주환 선생에게 보냈을 것이다. 모두 『사상계』에 실리도록 주선해 주었다. 1958년에는 한당(閑堂: 차주환 선생의 아호)도 미국으로 건너왔으므로, 그 뒤부터는 내가 직접 사상계로 원고를 우송하였다. 그 당시는 청탁도 받지 않은 원고를 보내면서 별다른 주저도 느끼지 않았으니, 젊었던 탓인가 한다.

1958년 봄에는 한당이 볼티모어로 나를 찾아왔다. 고려대학교의 김준엽 교수와 동행이었다. 나는 내 솜씨로 만든 엉터리 김치와 고깃국을 대접하고, 그곳의 명물인 스트립쇼에도 안내하였다. 한당은 나에게 '우송'(友松)이라는 호를 선물로 남기고 떠나갔다.

객지의 하숙방이 고적하여 마음이 심란할 때는 창문을 통하여 밖을 내다보는 버릇이 생겼다. 하숙방은 조용한 공원 지대의 허름한 벽돌집 2층에 있었다.

유리창의 창틀이 그림을 담은 액자의 틀과 같다는 느낌이 들었다. 창 밖의 풍경은 액자 속의 그림에 해당한다. 나는 이때, 화가가 그림을 그리듯이, 창 밖의 광경을 수필로 쓸 수 없을까 하는 생각에 부딪쳤다. 화가의 그림은 한 순간에 멈추어야 하지만, 수필가의 글은 시간의 흐름을 따른 변화를 그릴 수 있는 이점도 있을 법하였다. 이러한 착상(着想)을 따라서 시도한 것이 1959년의 「창문」(窓門)이었다.

한국에 돌아온 뒤에도 같은 수법으로 몇 편 더 써보았다. 혜화동 집에서 대문 밖으로 보이는 광경을 소재로 삼은 「복덕방 있는 거리」(1960)와 역삼동에 있는 과학기술회관 5층에서 국기원(國技院)을 바라보며 쓴 「국기원 부근(附近)」(1978) 등이 그것이다.

나는 처음부터 주로 인간에 관한 글을 많이 썼다. 사람들의 마음과 그들의 생활 태도에 관심이 끌렸고, 나 자신의 모습도 객관화해서 그려보고 싶었다. 어려서부터 농촌에서 자란 기간이 오랜 나는 자연에 대해서도 각별한 애착을 느껴 왔으나, 어찌된 셈인지 수필의 대상으로서는 지나쳐 보는 경향이 있었다. 학생 시절에 그림 그리기 성적이 나빴던 나는 자연을 붓으로 그리는 일에도 마음이 내키지 않은 것일까?

「국기원 부근」 이외에 자연을 대상으로 삼은 것으로서는, 「봄뜰의 나무들」과 「우중 내장산」(雨中內藏山) 그리고 「여정」(旅情)이 있을 뿐이다. 이 네 편은 모두 1976년 이후의 작품이니, 나이가 들면서 자연에로의 관심이 깊어 가는 것인지도 모른다.

내 수필 가운데 좀 색다른 것으로서 「새벽」(1962)과 「대열」(隊列, 1974)이 있다. 꿈을 소재로 삼은 작품들이다. 꿈을 소재로 삼았다는 점이 색다른 것이 아니라, 그 꿈이 상징하는 바가 너무나 명백하다는 점과 그 꿈이 일종의 겹꿈[重夢]이라는 점이 색다르다.

「새벽」을 썼던 40대 초반의 내 가장 큰 관심사의 하나는 사회 정의의 문제였다. 우리 사회가 진정한 평화와 안정을 누리기 위해서는 사회적 불균등을 가능한 한 시정하는 것이 급선무라는 생각에 골몰하였다. 그 당시도 대학 교수들은 가난해 못 살겠다는 불평이 자자했지만, 내가 보기에는 엄연히 상류층에 속하고 있었다. 대학 교수들이 빈곤하지 않았던 것이 아니라, 그보다 더 빈곤한 사람들이 너무나 많았던 것이다. 결국 나 자신도 상류층으로 보아야 한다는 이야기가 되거니와, 마음속으로 사회 정의를 생각하는 내가 실천 생활에 있어서는 뭔가 잘못하고 있지 않은가 하는 강박관념 비슷한 것이 따라다녔다.

「새벽」 속의 꿈은 이 강박관념의 소산이었을 것이다. 그런데 그 꿈의 내용 가운데 농촌의 풍요를 상징하는 대목이 있다. 그 당시의 나는 한국의 농민들만 모두 잘 살면 우리나라 전체도 풍요로운 나라가 되는 것이라고 단순하게 생각하고 있었다. 전체가 풍요롭게 되면 사회 정의의 기반이 닦여지리라는 역시 단순한 생각에서, 나는 그 꿈을 길몽(吉夢)이라고 생각하였다. 길몽으로 생각한 또 하나의 이유는 그것이 선명한 총천연색 꿈이었다는 사실이었다.

「대열」(隊列)을 썼던 1974년에도 서울의 대학가는 조용하지가 않았다. 대학가가 소란스러울 때 가장 난처한 처지에 놓이는 것은 교수들이다. 그 당시 나는 문리과 대학에 조그만 보직 하나를 맡고 있었던 까닭에 처신은 더욱 거북스러웠다. 「대열」을 낳게 한 꿈은 이러한 환경 속에서 지성인이 흔히 빠지기 쉬운 딜레마의 심리에서 생긴 것으로 보인다. 나는 이 꿈을 길몽이라고는 생각하지 않았다. 총천연색이 아니었기 때문만은 아니다.

꿈을 소재로 한 것은 아니나, 1964년 연초에 쓴 「마음의 고향」과 1975년 세모에 쓴 「실향 반세기」(失鄕半世紀)도 앞에서 말한 두 편의 글과 일맥상통한다. 약간 환상적인 듯한 인상을 준다는 점에서 그렇고, 쓴 사람만이 그 뜻의 전부를 알 수 있다는 점에서도 그렇다. 이런 붓장난을 했기 때문일까? 내 수필이 난해하다는 평을 받기도 하였다.

### 4. 형식에 대한 무지와 무관심

내가 쓴 수필의 형식 또는 형태의 측면을 돌이켜볼 때 거기서 일정한 패턴을 찾아보기가 힘들다. 나 자신 그 방면의 지식이 부족한 탓도 있겠지만, 내가 좋아하는 수필의 형식이나 형태를 묻는 사람이 있다 하더라도 선뜻 대답할 자신이 없다. 내가 쓴 것들을 훑어보는 사람들은, 내가 수필을 쓰면서도 문학에 대한 이론적 지식, 다시 말해서, 수필문학에 대한 이론적 기반이 없다는 것을 곧 느낄 것이다.

나는 수필을 쓸 때 어떠한 형태의 것을 만들어보겠다는 구상도 없이 우선 붓부터 들었다. 초기에는 청탁도 받지 않고 썼던 까닭에, 몇 장 정도의 수필로 꾸며보겠다는 예정도 없이 쓰기 시작했다. 생각나는 대로 쓰다 보면 짧게 끝나는 것도 있고 길게 나가는 것도 있었다. 1960년에 발표한 「정열·고독·운명」은 80장 정도의 길이다.

1973년 이전의 내 수필은 대체로 길어지는 경향이 있었다. 몽테뉴나 베이컨의 수필이 긴 것을 보고 그 정도 긴 것이 보통이라고 생각한 듯하다. 그리고 사상적 내용을 담자면 어느 정도는 길어야 된다는 생각도 있었을 것이다. 수필에 있어서 나는 형식보다도 내용이 더 중요하다는 생각을 가지고 출발했던 것이며, 지금도 정도는 다를지 모르나 역시 그러한 생각을 버리지 않고 있다.

문체도 가지각색이다. 때로는 존대어를 쓴 것도 있거니와, 존대어로 된 것 가운데는 편지투로 된 것도 있고 그렇지 않은 것도 있다. 일반적으로 말해서, 무의식 중에라도 여성을 독자로 예상했을 경우에는 존대어를 사용한 경향이 있다. 아마 나에게도 페미니스트의 일면이 있는가 보다.

문장에 있어서 내가 일관해서 신경을 쓴 것은 리듬이다. 미사여구를 사용하는 것은 몹시 싫어한 대신, 음악적 리듬은 매우 중요시하였다. 수필은 낭독을 했을 때 듣기 좋아야 한다는 것이 나의 오랜 생각이다. 이런 생각에 밀려, 때로는 산문시 비슷한 것을 시도한 적도 있다. 「봄을 기다리며」, 「오월의 캠퍼스」, 「낙엽」, 「앎은 슬픔이다」 등이 그것이다. 그러나 중간에 가서 리듬이 깨지기가 일쑤였다.

철학자의 냄새는 되도록 풍기지 않으려는 것이 나의 일관된 소망이었다. 내가 가장 싫어하는 것이 현학적인 글이다. 철학적임을 과시하고 싶은 생각은 없었지만, 자연히 철학에 관계가 있는 글도 여러 편 쓰게 되었다. 그러한 글은 문체에 있어서 자연히 논문체가 되기 쉽다. 그러나 나는 되도록이면 부드럽게 쓰기를 꾀했고 부드러움을 더하여 현학적임을 면하기 위하여, 애써 쉬운 말을 사용하였다. 그래도 내 글이 딱딱하고 어렵다는 독자들도 있으니, 내 의도가 어느 정도까지 성공했는지는 의문이다.

끝으로 장편 수필 『흐르지 않는 세월』에 대해서 언급하는 것이 순서일 것 같다. 이것은 1974년에 발표된 것이기는 하나, 쓰기는 1968년에 시작하여 1969년 초여름에 탈고한 것이다. 1968년 11월에 대학예비고사 출제위원으로 동원되어 3주일 이상 갇히게 되었다. 갇혀 있는 동안 무료하고 지루한 시간이 많았다. 그 전 해처럼 '섰다'를 즐기며 시간을 보내는 방법도 좋겠으나, 이번에는 좀더 뜻있게 시간을 살리고 싶었다. 이러한 상황에서 붓을 든 결과 얻은 것이 『흐르지 않는 세월』이다.

『흐르지 않는 세월』이 의도한 것은 생활인이 부딪치는 철학적인 문제들을 독자와 더불어 생각해 보고자 함에 있었다. 내 스스로 결론을 내고자 꾀하지 않고, 독자들에게 문제 의식을 가지고 스스로 생각하는 태도를 갖도록 하자는 것이 처음부터의 방침이었다.

나는 논설체로 이 책을 쓸 수도 있었을 것이다. 그러나 골치 아픈 문제일수록 흥미롭게 쓰는 편이 좋을 것 같아서, 수필체로 쓰는 편을 택하였다. 그러나 '장편 수필'이라는 관념은 머릿속에 없었다. '장편 수필'이라는 말을 내가 처음 접한 것은 1973년에 월간지 『수필문학』(隨筆文學)을 통해서였다.

내 수필집을 들추어보면서 나는 가끔 무성한 잡초밭을 연상한다. 특히 1960년대에 간행된 세 권의 수필집의 경우 그러한 인상이 강하다. '수필'이라는 이름이 붙은 온갖 잡동사니가 그 속에 들어 있기 때문이다. 그들 잡동사니 가운데도 간혹 쓸 만한 것이 있다면, 그것은 잡초 가운데도 어쩌다 볼 만한 꽃을 피우는 종류가 있는 것에 비유할 성질의 현상일 것이다.

돌이켜보건대, 약 20년 동안 겁도 없이 마구 써댔다. 그렇게 쓸 수 있었던 것은 '수필문학'이 아닌 '수필'을 의도하고 붓을 들었기 때문일 것이다. 사실 나는 수필 또는 산문(散文)을 쓰고자 했을 뿐이며, 문학은 염두에 없었다. 그렇지만 내 딴에는 좋은 수필을 쓰고 싶었다. 그 내용에 깊이와 함축성이 있고 그 문장에 품위와 간결함이 있는 글을 쓰고 싶었던 것이다. 물론 쓰고 싶다고 써지는 것은 아니었다. 다만 모종의 정열을 느끼며 그렇게 노력했을 뿐이다.

최근에 어떤 젊은이로부터 "왜 수필을 쓰느냐?"는 질문을 받은 적이 있다. 나는 갑자기 대답을 하지 못했다. 특별한 목적이 있어서 쓴 것은 아니었기 때문이다. 굳이 말한다면, 쓰고 싶은 충동에 밀려서 썼을 뿐이다.

1968년에 세 번째 수필집을 낼 무렵부터, 충동이 미는 대로 마구 써서는 안 되겠다는 반성이 머리를 들었다. 학자로서의 본분을 잊을 우려가 있음을 깨달은 것이다. 수필 쓰기에 골몰할 때는 본업인 철학을 멀리하게 된다. 본부인이 싫지 않더라도 애첩이 생기면 자연히 멀어지는 것과 같은 논리라 할까.

쓰고 싶은 충동은 누르고 오는 청탁은 되도록 사양하기로 작정하였다. 이 작심(作心)을 따르기는 그리 어려운 일이 아니었다. 쓰기를 한동안 멈추었더니 붓대가 무거워지며 쓰고 싶은 생각이 줄어들었다. 몇 번 거절한 뒤부터는 청탁서 오는 빈도가 현저하게 줄었다. 3, 4년 동안에 겨우 손꼽을 정도의 편수밖에 쓰지 않는데 별다른 어려움이 없었다.

  만약에 『수필문학』이라는 월간지를 만나지 않았더라면, 그 뒤에도 아마 나는 수필을 경원하는 생활태도를 지속했을 것이다. 적어도 정년퇴직에 이를 때까지는 그렇게 살았을 것이다.

『수필문학』, 1979. 6

# 월간 {수필문학}과의 만남

## 1. 당선작과 특별 선정작의 차이

1972년 여름, 하와이대학 내에 있는 동서문화연구소(East West Center)에서의 객지 생활을 마치고 돌아왔을 때, 집에는 많은 우편물이 기다리고 있었다. 대부분이 때 지난 결혼 청첩장, 집회 통지서 등 별로 흥미가 없는 것들이었다. 다만 그 가운데 하나 주목을 끈 것은 '월간 수필문학'이라는 큰 활자가 찍힌 누런 봉투였다. 열어 보니 그 창간호가 들어 있었다. 표지에는 홍매(紅梅) 두 가지가 얌전하게 그려져 있었다.
 백 페이지 남짓한 이 알팍한 잡지가 나의 눈길을 끈 것은, 우선 미국에서도 본 적이 없는 수필 전문지가 우리나라에서 창간되었다는 사실이 반가웠기 때문이다. 그리고 특히 관심을 자극한 것은 『수필문학』(隨筆文學)이라는 제호의 그 '문학'이라는 두 글자였다. 근 20년 동안 수필을 쓰면서도 문학을 의식하지 않은 나였지만, 무의식 속에서 그것을 동경했는지도 모를 노릇이다.

발행인을 살폈더니 '김승우'(金承禹)라고 되어 있었다. 처음 보는 이름이다. 나는 그가 부자이기를 바랐다. 이런 종류의 잡지는 으레 적자를 보게 마련이니, 부자가 아니고서는 오래 지속할 수 없다는 것을, 세상 물정에 어두운 나의 상식으로도 알고 있었기 때문이다.

나는 그가 돈 많은 사람일 것이라고 상상하였다. 왜냐하면, 내가 전혀 모르는 사람이었기 때문이다. 내가 아는 인사들 가운데는 돈 많은 사람들이 별로 없었다. 그러나 창간호만 보이고 그 다음 것들이 보이지 않아 약간 불안하기도 하였다. 3월에 창간호가 나왔고 내가 귀국한 것은 7월이니, 그 동안에 통권(通卷) 5호까지는 나왔어야 정상적이다.

『수필문학』의 존재를 잊을 만하게 되었을 때 그 8월호가 보내져 왔다. 내가 해외에서 돌아왔다는 소식을 알고 다시 보내기 시작한 것으로 보인다.

같은 해 12월에 낯모를 사람 하나가 혜화동 집으로 찾아왔다. 명함에 '수필문학사 주간(主幹) 박연구(朴演求)'라고 적혀 있었다. 청탁을 수락한 뒤에도 우리는 한 시간 가량 수필 이야기를 주고 받았다. 수필에 관한 이야기가 나오면 나는 시간 가는 줄을 모르는 버릇이 있다.

『수필문학』 1973년 6월호에는 색다른 광고가 보였다. 백만 원 고료(稿料)의 '장편 에세이'를 모집한다는 것이다. 이 광고를 처음 보았을 때 나는 별로 큰 관심을 느끼지 않았다. '장편 에세이'라는 것이 도대체 어떤 것인가 하는 의문이 스쳐갔을 정도이다. 아마 수필문학사 사장이 꽤 돈 많은 사람인가 보다 하는 생각도 했을지 모른다.

같은 광고가 다달이 계속해서 잡지에 실렸다. '장편 에세이'에 대한 설명도 곁들여졌다. "장편 에세이가 어떠한 것이냐?"는 문의가 있었던 모양이다. 여러 번 거듭 접하게 되면 관심이 커 가는 것이 광고 심리라는 것일까. 나도 자연 그 설명을 읽어보게 되었다. 읽어보면서, 내가 가지고 있는 미발표 원고도 그 '장편 에세이' 범주에 들 것같이 생각되었다. 나는 그 당시 1,300장 정도의 묶은 원고를 가지고 있었던 것이다. 『세대(世代)를 넘어서』라는 가제(假題)가 붙어 있었다.

원고 모집의 마감이 임박했을 때 나는 수필문학사에 전화를 걸었다. 책상 속에 잠자고 있던 원고를 출판하고 싶은 욕망이 생긴 것이다. 전화를 받은 것은 여자의 목소리였다. 내 이름을 말했더니, '김효자'라고 자기를 소개하였다. 김 사장과 부부관계 되는 것은 후일에야 알았다.

김승우 사장이 우리 집을 방문한 것은 그 다음날쯤이었을 것이다. 체구가 당당한 멋쟁이였다. 분홍색에 가까운 와이셔츠가 잘 어울렸다.

화제가 장편 수필 문제로 돌아갔을 때, 나는 모집에 응한 사람들이 많으냐고 물었다. 몇 편 들어오긴 했으나 썩 마음에 드는 것이 없어 탈이라는 대답이었다. 나는 내 원고를 넘겨주었다. 이미 사식(寫植)으로 조판이 끝난 것이었으니, 원고라기보다 지형(紙型)이라고 부르는 편이 가까울지도 모른다. 실은 어떤 출판사에서 작업을 추진하다가 사정이 생겨 출판을 포기한 상태에 있었던 것이다.

원고를 넘기기 며칠 전에 책이름을 『흐르지 않는 세월』로 고치고 그에 따라서 서문도 다시 고쳐 써두었다. 이런 사정으로 서문의 사식만은 다른 조판소에 맡기게 되었으니, 본문보다 식자가 조밀하게 되어 세밀한 사람에게는 좀 눈에 거슬리는 정도이다.

원고를 넘겼을 때 분명히 하지 않은 점이 있었다. 여하간에 그것을 출판한다는 점에도 합의를 본 셈이나, 백만 원 고료 모집에 응한다는 것인지 아닌지는 확언하지 않았던 것이다. 만약에 심사 결과 낙선이 되면 나에게 미안하게 될 것을 걱정하고, 김 사장은 그 점을 모호하게 남겨둔 것이 아닌가 한다. 내 경우는, '응모'니 '당선'이니 하는 말에 저항을 느끼기도 하고, 한편으로는 평론가들의 심판을 한 번 받아보고 싶은 생각도 있고 하여, 결정을 뒤로 미루었다.

얼마 후에 김 사장으로부터 연락이 왔다. 심사에 통과했다는 것이다. 우선 기뻤다. 그러나 한편, '백만 원 고료 운운' 하고 널리 알려지는 것은 달갑지 않은 일이라는 쪽으로 마음이 기울었다.

생각 끝에 나는 수필문학사를 찾아갔다. 찾기 쉬운 곳에 있었다. 상상했던 것보다 초라한 모습의 사무실이다. 나는 성급하게 용건부터 끄집어냈다. 공모(公募)에 응한 것으로 하지 말고 인세를 받는 조건으로 출판해 달라고 부탁한 것이다. 계산으로 말하면, 5년 기한의 판권으로 백만 원 받는 편이 월등히 유리할 줄 알면서도 그렇게 제안했던 것이다

김 사장은 두말 않고 동의하였다. 다만 당선 해당 작품이 없으므로, 그 대신 『흐르지 않는 세월』을 특별 선정한 것으로 하자는 의견이었다. 모처럼의 창간 일주년 사업이 흐지부지 되는 것이 싫었던 모양이다.

1974년 3월호에 발표가 났다. '당선작' 대신 '특별 선정작'이라는 말이 사용되었다. 그러나, '특별고료 장편 에세이 모집 결과 발

표'라는 굵은 활자에 눌린 '특별 선정작'이라는 작은 활자는 제구실을 못했다. '당선작 해당 없음'이라는 말도 없었다. 엄연히 '심사평'도 나와 있었다. 결국 '당선작'이나 마찬가지다. 그 원고를 수필문학사에 준 것을 후회했지만 이미 엎질러진 물이었다.

## 2. 동매실 주인의 수필론(隨筆論)

『수필문학』이라는 잡지가 창간되었음을 알았을 때, 그 '문학' 두 글자에 관심이 끌렸다는 말을 앞에서 하였다. 관심이 끌린 것은 내 자신의 수필을 문학적 수준으로 끌어올려 보고 싶은 욕심 때문이었을 것이다. 관심이란 욕구의 한 형태이다.

문학적인 수필을 쓸 수 있기 위해서는, 우선 어떠한 특색을 갖춘 것이 문학 수필인지 알아야 한다. 보내온 『수필문학』지를 손에 들고, 나는 문학 수필의 특색을 그 가운데서 찾아보고자 하였다.

『수필문학』에는 이름이 알려진 사람들의 글도 있고, 나에게는 생소한 사람들의 것도 있었다. 우리나라의 글뿐 아니라, 남의 나라의 것도 소개되었다. 최남선, 이광수와 같은 고인들의 글도 실려 있었다.

그러나 그런 글들을 읽어보아도 수필을 문학이게끔 하는 그 특색이 무엇인지, 다시 말해서 문학 수필이 갖추어야 할 기본 요건이 무엇인지, 짐작이 가지 않았다. 거기에 실린 글이면 모두 문학적 수필이라고 볼 수도 없을 것이고, 그 가운데서 어느 것이 문학적 작품인지 가려낸다는 것도 나에게는 힘에 겨운 일이었다.

목차를 살피던 중 나는 매우 반가운 제목을 발견하였다. 「수필문학 강론」이라는 것과「수필문학의 첫걸음」이라는 것이 눈에 띈 것이다. 앞의 것은 '동매실(桐梅室) 주인(主人)'이라는 사람의 것이고 뒤의 것의 필자는 윤오영(尹五榮)으로 되어 있었다. 두 이름 모두 나에게는 생소하였다.

문체(文體)나 글의 내용을 비교해 보고, 같은 사람이라는 짐작이 갔다. 같은 잡지 같은 호(號)에 한 사람의 이름을 두 번 내놓기가 거북하여, 본명과 당호(堂號)를 갈라붙인 것으로 보였다. 우리나라에 수필문학의 이론가가 귀하다는 것을 말해 주는 것 같기도 하였고, '윤오영'이라는 분이『수필문학』지를 위하여 이론적 고문의 구실을 하고 있다는 느낌도 들었다. 어찌 되었든, 수필문학의 기초 이론부터 다져가며 이 나라 수필계를 위하여 구심점을 마련하고자 하는 발행자의 의도가 뜻깊고 고마웠다.

동매실 주인의「수필의 개념」이라는 글을 읽어보았을 때, 그 해박한 지식과 자신만만한 태도에 우선 놀랐다. "한국 어디에 이런 분이 숨어 있었던가?" 하는 느낌도 있었다.

동매실 주인이 인정하는 '수필'의 범위는 매우 좁은 것으로 보였다. 그에 따르면, 엄밀한 의미의 수필은 수상(隨想)과 구별될 뿐 아니라, 수록(隨錄), 수기(隨記), 수평(隨評)과도 구별되는 순수한 문학의 영역이다. 문학이 아닌 것은 우선 수필이 될 수 없으며, 비록 문학적 가치가 있다 하더라도 수상 또는 수기류에 속하는 것은 수필이 아니다. 내가 지금까지 상식적으로 생각해 온 것과는 아주 차이가 많은 견해가 아닐 수 없다.

나는 수필의 개념을 넓게 생각하고 있었다. 수상도 물론 수필의 한 부류로 보았고, 수기나 수평 가운데도 그 표현 양식에 따라서는 수필로 볼 수 있는 것이 많다고 생각해 왔다. 모든 수필이 문학 작품이라고 생각하지 않고, 수필 가운데 문학적 가치를 지닌 것과 그렇지 못한 것이 있다고 믿어 왔다.

동매실 주인의 글 가운데는 뜻을 분명히 헤아리기 어려운 구절도 있었다. 예컨대, "혹 우리나라에 수필은 있어도 에세이는 없다고 개탄하는 이가 있는데, 실은 수필로도 우리나라에서 문학 작품다운 수필을 찾아본다는 것은 더욱 어려운 일이요, 또한 반드시 에세이라야 하는 것도 아니다. 수필은 동양적 에세이요, 에세이는 서구적인 수필이라고 생각해도 작품 면에서는 일치될 때가 많다"라는 구절이 그 대표적인 것이다. 그분은 분명히 '수필'과 '에세이'는 다른 것으로 보고 있는 모양인데, '수필'은 동양말이요 '에세이'는 서양말의 소리를 옮긴 것이라고 단순히 생각해 온 나로서는, 그 구별의 기준을 이해하기 어려웠다. 또 뒤에 가서, "에세이라 해도 좋고, 수필이라 해도 좋다"는 말도 있어서, 그 주장하는 바의 진의를 알기가 힘들었다. 직접 만나보고 이야기를 해야 의문이 풀릴 것으로 보였다.

### 3. 윤오영 선생과의 대화

우연한 기회에 동매실 주인을 만날 수 있게 되었다. 1974년 초여름쯤일까, 무슨 볼일이 있었는지 수필문학사에 들렀을 때 바로 그분을 소개받았다. 역시 윤오영 씨와 같은 인물이었다.

성품이 매우 깐깐할 것 같은 첫인상이었다. 목소리도 카랑카랑 울렸다. 접근하기에 시간이 걸릴 것 같은 그런 분이었다.

김승우 사장의 소개를 받고 수인사가 끝나고, 이어서 수필 이야기로 들어갔던 것으로 어렴풋이 기억된다. 사실 다른 이야기는 하려 해도 할 것이 없었을 것이다.

아마 수필의 개념에서부터 이야기가 시작되었을 것이다. '수필'의 범위를 좀 넓게 보는 편이 좋지 않겠느냐는 나의 물음에 대해서, 윤오영 선생은 단호히 부정적으로 대답하였다.

"몽테뉴나 베이컨의 글은 역시 수필의 범주 안에 넣어야 하지 않겠습니까?"

"그들의 것은 에세이 또는 수상이라고는 볼 수 있지만, 수필은 아닙니다."

윤오영 선생은 처음부터 높은 곳에서 내려다보고 말을 하는 듯한 인상을 주었다. 아마 내가 아무것도 모르는 주제에 그분의 주장에 대하여 전폭적 승복의 기색을 보이지 않은 것이 못마땅했는지도 모른다.

잠시 이야기가 중단되었을 때, 윤오영 선생은 느닷없이 이러한 충고를 하였다.

"김 선생은 김 선생의 장기를 살려야 합니다. 전공인 철학을 살리십시오. 그 대신 다른 것은 어렵습니다. 철학적인 글이야 누가 김 선생을 따르겠습니까? 그 철학을 모두 공부해야 할 것이니, 아무도 못 따르지요."

내가 잘못 이해했는지도 모르지만, 섣불리 수필문학을 넘겨다보지 말고 분수를 지키라는 뜻이 아닌가 하는 생각이 들었다. 몽테뉴나 베이컨 같은 철학자의 글을 엄밀한 의미의 수필이 아니라고 한 앞의 말과 결합시킬 때 그런 해석이 가능할 것 같기도 하였다.

그러나 이것은 나의 오해였을 가능성도 크다. 왜냐하면, 그는 이어서 다음과 같은 말도 했기 때문이다.

"수필 가운데도 각기 자기에게 맞는 방향이 있습니다. 가령 피천득 선생의 본령은 서정 수필입니다. 서정 수필 분야에 있어서 누가 능히 그를 따를 사람이 있겠습니까? 그러나, 그 울타리 밖으로 나가면 피천득 선생 같은 분도…."

윤오영 선생이 한 말씀 가운데는 김소운 선생에 대한 언급도 있었다.

"김소운 선생이 쓰는 종류의 글에 있어서는 아무도 그를 따를 사람이 없습니다. 그 대신 김소운 선생도 다른 종류의 글을 쓰라면 힘들 겁니다."

이러한 말로 미루어볼 때, 윤오영 선생이 나에게 한 충고는, '철학적 수필'을 시도하되 그밖의 것은 미리 포기하는 편이 현명하다는 뜻으로 해석하는 것이 옳을 듯하다. 다만 윤오영 선생이 이른바 '철학적 수필'을 엄밀한 의미의 '수필'로 인정하는 것인지는 의문이었다. 그리고, 한 사람은 한 가지 수필에만 국한해야 한다는 견해에 대해서도, 전적으로 찬동하기는 어려웠다.

그날 나는 또 이런 충고도 들었다.

"글을 조여서 쓰시오. 엿가래처럼 늘리지 말고, 압축을 해야 합니다. 그렇지 않으면 글이 싱거워집니다. 물 탄 술처럼 헤심심한 글은 좋지 않습니다."

질질 끌어서 단행본의 길이로 만든 나의 『흐르지 않는 세월』을 빗대놓고 하는 말 같아서 과히 기분이 좋지는 않았다. 그러나 윤오영 선생은 누구에게나 하는 일반적인 충고를 나에게도 한 것에 불과할지도 모른다. 어쨌든, 수필뿐 아니라 일반적으로 글은 농도(濃度)가 짙은 것이 바람직하다는 견해에는 반대할 의사가 없었다.

수필에 관한 한 모든 사람들의 스승으로 자처하는 그 자신감이 부럽기도 하였다. 그러나 그 자신감을 함부로 나타낼 필요는 없을 것 같은 생각도 들었다.

적당히 이야기를 끊고 작별 인사를 고했을 때, 윤오영 선생은,
"초면에 내가 혹 실례의 말을 했거든 용서하시오."
하며, 가볍게 악수를 청했다.

윤오영 선생을 그 다음에 만난 것은 '한국수필문학진흥회'의 발기를 위한 예비적인 모임에서였다. 잠깐 모습을 나타냈다가 몸이 불편하여 곧 떠나갔으므로, 별로 이야기를 나눌 겨를도 없었다. 몹시 피로한 듯, 그 자리에 계시던 동안에도 별로 말씀이 없었다.

스칸디나비아 클럽에서의 그 만남이 마지막 만남이었다. 돌아가신 것이다. 나는 그분을 장수형(長壽型)으로 보았었다. 의욕이 강하고 강단이 세면 오래 산다는 것이 우리들의 상식이다. 그러나, 인명이란 아무도 알 수 없는 것일까? 뜻밖에 빨리 세상을 떠나셨다. 살아 계실 때 좀더 깊은 친교를 맺지 못한 것이 아쉽다.

윤오영 선생의 수필론에 전적인 찬동을 하든 안 하든, 그 방면에 있어서 그분이 일가(一家)를 이룬 대기(大器)였다는 것을 의심할 사람은 없을 것이다. 이론에 있어서 뿐 아니라, 수필 창작에 있어서도 동매실 주인이 남긴 공적은 높이 평가된다. 한국 수필을 위해서 좀더 오래 사셨어야 할 분이다. 이제는 남은 사람들이 그분의 선구(先驅)를 따라 우리 수필 문단의 앞날을 열어갈 수밖에 없을 것이다.

우리가 윤오영 선생으로부터 배워야 할 것은, 수필문학에 대한 한결같은 정열과 말 한 마디 소홀히 사용하기를 거부하는 그의 투철한 산문정신(散文精神)일 것이다.

## 4. 피천득 선생의 수필

　언젠가 『수필문학』에 피천득 선생의 「인연」이 실렸을 때, 그 다음 호에 나온 수필 월평(月評)에 크게 다루어진 것을 보았다. 다른 사람들의 글은 간단히 처리하고, 「인연」만을 유독 상세히 논하였다. 물론 격찬하는 논조의 평론이었다.
　나도 그 작품을 읽고 좋은 작품이라고 생각하였다. 그러나 특별히 대서특필할 정도라고는 느끼지 않았었다. 실은, 그때까지 나는 피천득 선생의 수필을 접한 일이 없었던 까닭에, 별로 주의 깊게 그의 신작(新作)을 읽지 않았을 것이다.
　그 다음해 서울대학교에서 교양 과목 시험을 감독했을 때의 일이다. 아마 국어 과목이었던 모양이다. 학생들이 책상 아래로 내려놓은 책들 가운데 교재로 보이는『대학국어』(大學國語)라는 것이 있었다. 지루한 시간을 달랠 겸 한 권을 들고 펼쳐보았다. 수필로는 어떤 것들이 실렸나 궁금히 여기는 심리도 작용하였다. 나는 그때 피천득 선생의 「플루트 플레이어」와 「멋」을 읽었다.
　읽으며 크게 감동하였다. 정말 '주옥 같다'는 말이 들어맞는 작품이라고 느꼈다. 꽉 찬 짜임새와 간결한 표현이 놀라울 정도로 농도가 짙다. 내용의 함축 또한 일품이다. 나는 그제서야 「인연」이 그토록 이야깃거리가 되는 이유를 알 것 같았다.
　이때 내가 절실하게 느낀 것은, 짧은 길이로도 좋은 수필을 쓸 수 있다는 사실이었다. "사상적 내용을 담으려면 어느 정도 길어지는 것은 불가피하다"던 나의 오랜 생각이 무너졌다. 언제가 윤오영 선생이 "글은 압축해서 쓰라"고 한 말을 상기하였다.

『수필문학』이 나온 뒤로 남의 글을 읽을 기회가 늘었다. 수필에 관한 이야기를 나눌 기회도 많았다. 이러한 경험은 모두 나에게 매우 소중한 것이다. 모든 일이 그렇듯이, 수필에 있어서도 공부하고 연구하는 자세가 자못 필요하다는 것을 겨우 알게 된 느낌이다.

돌이켜보건대, 『수필문학』과 만난 뒤에 나의 글 쓰는 태도에도 많은 변화가 생긴 듯하다. 가장 큰 변화는 조심성이 늘었다는 점일 것이다. 옛날처럼 겁없이 마구 쓰기가 어렵다. 그 전에는 어지간한 것이면 수필의 소재가 된다고 믿으며 거침없이 붓을 들기도 했으나, 이제는 소재를 찾는 데도 고심을 한다. 붓대 나가는 속도도 매우 느려졌다.

이것을 반드시 좋은 변화라고만 생각할 것인지는 의문이다. 한 잔 술에 얼큰한 기분으로 활달하게 움직인 붓끝에서 서화(書畵)의 수작(秀作)이 나오기도 하듯이, 수필의 경우에도 위축되기보다는 대담한 기상으로 붓을 대하는 편이 좋은 결과를 가져오기도 한다. 수필을 씀에 있어서도 중용(中庸)의 덕은 역시 지리(至理)에 속하는 것이 아닐까 한다.

많이 쓰면 많이 쓸수록 작품의 평균 수준이 떨어지는 것은 부인할 수 없을 것이다. 졸작(拙作)은 대개 다작(多作)에서 연유한다. 그러나, 많이 쓰다 보면 좋은 작품이 나오기도 한다. 비록 평균치는 떨어진다 하더라도, 수작의 절대수(絶對數)에 있어서는 그 길이 앞설지도 모른다. 물론 이것은 어느 정도 기초 실력이 확실한 사람들의 경우이다. 기본이 서기도 전에 함부로 덤비면, 일을 그르치고 만다.

월간지 『수필문학』에 의하여 자극을 받거나 변화를 일으킨 사람은 나뿐이 아닐 것이다. 수필가들에게 문학적 자세를 촉구하여, 문학적 수필과 신변잡기(身邊雜記)를 가리는 기풍을 일으킴에 있어서, 저 『수필문학』지가 이룩한 역할을 강조한다 하여도, 결코 무분별한 처사가 되지는 않을 것이다.

  선인들의 오랜 산문(散文)의 전통에 접맥시켜, 오늘의 한국 수필을 높은 문학 수준으로 끌어올리고자 한 창간의 취지를 『수필문학』지가 크게 달성했다고는 아직 보기 어렵다. 그러나 우리들 모두의 아낌을 받을 만한 기초는 마련했다고 보아야 할 것이다.

『수필문학』, 1979. 7

# 수필의 세계

## 1. 수필의 개념

이제까지 나는 수필에 얽힌 나 자신의 개인적인 이야기를 주로 적어 왔다. 이는 내 과거의 한 측면을 회고하고 그 토대 위에서 수필에 대한 나 자신의 견해를 정리하고자 하는 의도에서였다. 지금부터는 수필에 관한 일반적인 이론들을 살펴보고자 한다. 우선 수필의 개념 문제부터 생각해 보기로 하자.

'수필'이라는 말의 적용 범위를 어떻게 정하느냐 하는 문제는, 우선 그 말이 현재 우리나라에서 어떻게 사용되고 있느냐 하는 고찰을 토대로 삼아야 할 것이다. 말이란 그 용법이 시대에 따라 변천하고 지역에 따라 다양한 것이 일반적 현상이다. 예컨대, '학사'(學士) 또는 '박사'(博士)라는 말뜻이 옛날과 오늘이 다르고 '선생'(先生)이라는 같은 한자어는 한국과 일본 그리고 중국에 있어서 공통으로 사용되나, 세 나라 사람들이 반드시 똑같은 의미로 사용하는 것은 아니다. 그러므로 '수필'(隨筆)이라는 개념을 정의함에 있어서도, 그 어원에 집착하기보다는 그 개념을 지시하는 말의 현실적 용법에 비중을 두는 편이 마땅할 것이다. 언어란 본래 의사의 소통을 위한 사회적 도구이므로 어떤 이론가의 개인적 취향을 따라서 제멋대로 그 뜻을 정할 성질의 것이 아니다.

내가 알기로는, '수필'이라는 말은 오늘날 우리나라에서 일반적으로 넓은 뜻을 가진 말로서 사용되고 있다. 윤오영 선생이 말하는 좁은 의미의 '수필'뿐 아니라, 그가 '수필'과 구별하고자 하는 '수상'(隨想), '수기'(隨記), '수평'(隨評) 중에도 일반이 '수필'로서 인정하고 있는 것들이 많다. 그러므로, 우리는 수필이라는 말의 적용 범위를 윤오영 선생보다 넓게 잡는 편이 현실에 적합할 것으로 믿는다.

'수필'의 뜻을 넓게 이해한다면 어느 정도까지를 그 범위 안에 넣을 것인가? 앞에서 나는 수상, 수기, 수평 중에도 수필의 범주 속에 들어갈 것이 많다고 했는데, 그 가운데서 어떠한 한계선을 그어 '수필'의 울타리를 정할 것인가? 그리고 이상 세 가지 부류의 글 전부를 수필의 범위 속에 넣어야 한다고 말하지 않은 것은 무엇 때문인가?

우리가 '수필'이라고 부르는 여러 가지 글들에 있어서 기본적이며 공통적인 특색은 무엇일까? 이 물음에 대한 대답을 얻으면 앞의 물음도 자연히 풀릴 것으로 보인다. '수필'에 있어서 기본적이며 공통적인 특색을 가지고 있느냐 없느냐에 따라서 화제의 글이 수필이냐 아니냐가 결정될 것이기 때문이다.

'수필'이라고 불리는 글들에 있어서 가장 기본적이며 공통적인 특색은, 그 글을 쓴 사람 자신의 개인적인 체험 또는 사색의 직접적 표현이 그 글의 근간을 이루고 있다는 사실일 것이다. 필자의 개인적 체험 또는 사색의 직접적 표현이 아닌 일반적 사실의 기술(記述)이나, 사회 또는 개인에 관한 객관적 비평 따위는, 보통 '수필'이라고 부르지 않는다.

'수필'의 둘째 특색은, 그 형식에 있어서 격식이나 관례(慣例) 또는 상투적 수법에 구애됨이 없이 상념(想念)을 자유롭게 전개시킨다는 사실이다. 따라서 수필의 표현 양식은 항상 산문체를 사용하게 마련이며, 운문으로 된 수필은 생각하기 어렵다.

필자 자신의 체험 또는 사색에 관한 글이라 할지라도 이론적 탐구의 논문 따위는 수필에서 제외된다. 예컨대 자기가 경험한 환각 또는 꿈의 현상을 심리학적으로 설명하거나 증명함을 시도하는 연구 논문은 수필이 아니다. 수필은 설명하거나 증명하지 않고, 보고 들은 바 또는 생각하고 느낀 바를 담담하게 서술해 나가는 것을 원칙으로 삼는다.

이상에서 살핀 바를 종합하면, 대개 '수필'의 윤곽이 드러날 것 같다. 즉 글쓴이 자신의 개인적 체험 또는 사색을 담담하게 서술한 산문체의 글이 곧 수필이라고 보아도 크게 어긋나거나 불편함이 없을 것이다.

수필이 되자면 표현이 부드러워야 되지 않느냐는 의문을 갖는 사람이 있을지도 모른다. 즉 문장의 유연성을 수필이 갖는 또 하나의 조건으로 보아야 할 것이라고 생각하는 사람이 있을지도 모른다. 그러나, 문장의 유연성을 수필류가 갖는 일반적 경향으로 보는 것은 무방할 것이나, 수필이 갖추어야 할 필수 조건으로 보는 것은 적합하지 않을 것 같다.

우선 문장이 부드러우냐 딱딱하냐 하는 것은 극히 주관적이요 상대적인 구별이어서, 그 기준이 너무나 모호하다. 학자들 가운데는 학술 논문도 매우 부드러운 문장으로 작성하는 사람이 있다. 한편, 분명히 수필에 속한다는 인정을 받는 글 가운데도 '부드럽다'는 말을 적용하기가 어려운 것이 없지 않다. 예컨대, 안톤 시나크의 「우리를 슬프게 하는 것들」 가운데 있는 다음 구절을 생각해 보라.

　오뉴월의 장의 행렬. 가난한 노파의 눈물. 거만한 인간. 바이올렛 빛과 회색의 빛깔들. 둔한 종소리. 바이올린의 G현. 가을밭에 보이는 연기. 산길에 흩어진 비둘기의 털. 자동차에 앉은 출세한 부녀자의 좁은 어깨. 흘러다니는 가극단의 여배우들. 세 번째, 줄에서 떨어진 광대. 지붕 위에 떨어지는 빗소리. 휴가의 마지막 날. …

　이와 같이 명사구만을 나열한 글은 아직 완성된 문장들이 아닌 까닭에, 딱딱하니 부드러우니 하는 말을 붙이기가 어렵다. 그리고, 일기도 수필의 일종으로 보는 것이 상식이나, 간결하게 처리한 일기 가운데는 '부드럽다'고 특징짓기 어려운 것이 있다.
　무릇, 수필의 문장이 부드럽게 느껴지는 것은 그것이 꼬치꼬치 따지거나 빈틈없는 설명을 꾀하지 않는 데서 오는 결과요, 문장의 유연성 그 자체가 수필의 필수 요건이라고 볼 성질의 것은 아니다. 꼬치꼬치 따지거나 빈틈없는 설명을 꾀하는 글은 자연 골치 아프게 느껴지기 쉬우며, 따라서 딱딱하다는 느낌을 준다. 딱딱하니 부드러우니 하는 인상의 근원은 문장 하나하나의 특색에 있기보다도, 글 전체의 분위기에서 온다고 보아야 할 것이다. 자기 자신의 체험을 서술하는 글에는 대개 정감의 표현이 따르기 쉬우며 부담 없이 읽어갈 수 있는 까닭에 부드럽다는 인상을 주기 쉽다.

　이제까지의 고찰을 받아들인다면, 이른바 '수상'(隨想)은 모두 수필에 들어간다고 보아야 할 것이다. 수상이란 필자가 자기 자신의 사색 또는 상념의 전개를 따라서 그것을 서술한 글이므로, 전형적인 수필의 한 형태로 보아야 한다. 수상이라는 것을 수필 아닌 글의 종류로 볼 것이 아니라, 수필에 포함되는 한 부류의 글로 보는 것이 마땅하다.

　다음에 윤오영 선생이 말하는 수기(隨記) 및 수평(隨評) 가운데는 수필에 해당하는 것과 그렇지 않은 것이 있다고 보는 편이 좋을 듯하다. '수기'와 '수평' 두 낱말은 별로 쓰이지 않는 용어이어서, 정확하게 어떤 글을 염두에 두고 윤오영 선생이 쓴 말인지 분명치 않다. 다만 그가 '수'(隨) 자를 "수심소감(隨心所感)에 호무체애(毫無滯碍)한"이라고 풀이하기도 하고, "독서성령(獨抒性靈)에 불구격투(不拘格套)하는 것"이라고도 풀이한 것으로 미루어보아, 격식이나 관례 등에 구애됨이 없이, 자유로운 기분과 필치로 전개한 기사(記事) 및 평론을 가리킨 듯하다. 이러한 글들 가운데는 필자 자신의 체험이나 사색의 직접적 표현이 큰 비중을 차지하는 것과 그렇지 않은 것이 있다. 나의 견해로는, 전자를 수필의 범위에 집어넣고 후자는 제외하는 것이 좋을 듯하다. 수기와 수평 전체를 수필의 범주 안에 받아들이는 것도 무방할 듯한 생각도 드나 그렇게 하면 두 가지 불리한 점이 생길 것 같다. 첫째로, "격식이나 관례에 구애됨이 없이 자유로운 기분과 필치로"라는 것이 너무나 주관적이며 모호한 기준인 까닭에, 실제 적용함에 있어서 어려움이 많을 것이다. 둘째로, 수필의 범위가 너무 넓어지는 동시에 그 특색이나 본질을 파악하기가 매우 어렵게 될 것이다.

　필자 자신의 체험과 사색을 직접적으로 전달하는 모든 자유로운 산문을 수필로 인정할 때, 수필과 사소설(私小説)의 구별이 어떻게 되느냐는 문제가 생길 것이다. 이 문제에 대해서는, "허구(fiction)냐 사실이냐에 따라서 구별할 수 있다"고 보는 것이 일반적 상식이 아닌가 한다. 여기서 연달아 생기는 문제가, "수필에는 허구가 전혀 허용될 수 없느냐?"는 그것이다. 나의 개인적 견해로는 수필이라 하여 허구는 전혀 허용될 수 없다고 지나치게 제한할 필요는 없을 것 같다. 그렇게 엄격한 제한을 가하면, 수필을 쓰기에 불편을 느낄 경우가 생길 것이기 때문이다. 예컨대, 환상(幻想)은 수필에 있어서 중요한 구실을 하거니와 환상은 역시 일종의 허구라고 보아야 한다. 또 수필가가 자기의 체험을 공개할 때 모든 것을 남김없이 털어놓기는 어려울 경우가 많다. 사람들에게는 누구에게나 대개 비밀이 한두 가지는 있는 법이며, 그 중 어느 것은 감추어 두는 것이 현명할 때가 있다. 뿐만 아니라, 인간은 사회적 존재인 까닭에, 내 비밀을 샅샅이 드러내 보면 남의 비밀까지도 따라서 드러나기가 쉽다. 그러나 우리에게 남의 비밀까지도 폭로할 자유는 없다. 그런데 비밀에 가까운 체험 가운데는 수필의 소재로서 좋은 것이 많다. 그러한 소재를 다룰 경우에는, 필요에 따라 약간의 허구를 부분적으로 가미함으로써 작품을 엮는 것도 한 방편이 된다.
　그렇게 되면 수필과 사소설의 구별이 모호하게 되어 곤란하다는 주장이 있을지도 모르겠다. 그러나, 중요한 것은 수필이냐 또는 사소설이냐 하는 구별의 문제가 아니라, 정말 좋은 작품이 탄생하느냐 안 하느냐 하는 창작의 문제이다. 설령 수필인지 소설인지 분간하기 어려운 작품이 탄생한다 하더라도, 그것이 독자의 심금을 울리고 미감(美感)을 크게 자극한다면, 훌륭한 작품이라고 보아야 할 것이다. 식물이나 동물의 세계에 있어서는 잡종의 형성을 통하여 우수한 신종이 나타나는 예가 많다. 미술의 세계에 있어서는 동양화와 서양화 또는 구상화와 추상화의 수법을 융화함으로써 걸작을 만들어내기도 한다. 문학의 세계에서라고 그것을 부정할 이유는 없을 것으로 믿는다.

## 2. 수필의 종류

우리는 수필의 범위를 넓게 잡았다. 자기 자신의 체험 또는 사색을 전달하되 꼬치꼬치 따지거나 논증에 힘쓰지 않고, 있는 그대로 심외(心外) 또는 심중(心中)의 사실을 자유롭게 서술한 글이면, 모두 수필로 인정할 수 있다는 견지를 택했다. 이렇게 넓게 잡으면 수필에 자연히 여러 가지 종류가 생기게 될 것이다. 이에 수필의 종류에 관하여 상식적 수준에서 간단히 생각해 보는 것도 아주 무의미하지는 않을 것이다.

무릇 분류라는 것은 분류의 기준을 어디에 두느냐에 따라서 여러 가지로 나타난다. 예컨대 인간을 분류할 때 그 분류의 기준을 성(性)에 두면, 여자와 남자로 나누어진다. 그러나 피부 색깔에 두면 백인, 흑인, 황색인 등으로 나누어지고, 연령에 두면 유년, 소년, 청년, 장년, 노년 등으로 나누어진다. 이와 마찬가지로 수필의 분류도 그 기준을 어떻게 정하느냐에 따라서 여러 가지로 가능하게 될 것이다.

수필을 그 소재 및 수법을 기준으로 삼고 분류한다면, 편의상 서사 수필(敍事隨筆), 서정 수필(抒情隨筆), 사경 수필(寫景隨筆), 설리 수필(說理隨筆) 등으로 나눌 수 있을 것이다. 다만, 실제 작품들을 보면 이상 네 가지 수필의 어느 한 가지에만 완전하게 속하는 것은 드물다. 대개 서사적이면서 동시에 서정적이고, 사경적이면서 동시에 서정적이라는 식으로, 두 가지 이상의 속성을 아울러 가지고 있는 것이 보통이다.

서사 수필이란 어떤 사건 또는 '있었던 일'을 주된 소재로 삼고 이야기를 전개하는 식으로 엮은 것을 가리킨다. 콩트(掌篇)의 수법을 원용하는 경우가 많아서, 소설과의 명확한 구별이 어려울 경우가 있다. 피천득의 「인연」, 윤오영의 「방망이 깎는 노인」 또는 「순아」 따위를 그 예로 들 수 있을 것이다. 「순아」 중에서 한 부분을 살펴보기로 한다.

어느 날 무교동 다방을 들렀다. 레지가 차를 가져다 주는데 보니 분명 순아다.
"너 순아 아니냐. 웬일이냐?"
하고 물었더니, 씩 웃고는 말이 없다.
…
순아의 모습은 많이 변해 있었으나 그 숭굴숭굴한 태(態)와 아직도 가시지 아니한 촌티는 남아 있었다.
그 후 나는 일부러 그 다방을 찾아갔다. 순아를 만나보자는 것이었다. 그러나 순아는 보이지 않았다.
순아의 성이 이가(李哥)라는 것을 아는 까닭에 '미스 리'라고 물어도 아는 이는 없었다.
  …

  파주서도 외딴 마을 살구나무가 서 있는 순아네 초가집을 생각해 본다.

  그 집 싸리문 밖에 있는 몇 그루의 당댑싸리와 마당 앞에 옥수같이 흐르는 물, 그 물이 흘러서 고인 우물에서 보리를 대끼고 있는 순아, 웃으며 바가지에 물을 떠 주던 그 미끈한 팔, 이런 것들이 생각난다.
  …

  나는 어느 친구에게 끌려서 비교적 조용한 술집을 찾은 적이 있다. 매우 귀엽게 보이는 젊은 (어린이라 할까) 여인이 들어와서 술을 따라 주었다.

  "너 고향이 파주 아니야?"라고 물었더니,

  "네, 어떻게 아세요?" 한다.

  "나는 너의 집을 잘 안다. 살구나무 선 집."

  "참 그래요." 묻는 족족 맞아들어가는 바람에,

  "너 순아 아니냐?" 했다.

  "참 어떻게 아세요? 제 이름이 순아예요." 한다. 그래서 나는 올 때까지 그녀를 순아라고 불렀다.
  …

  나는 나오면서 내가 왜 그를 순아라고 했는지, 그녀는 왜 또 순아인 체했는지, 정말 그녀의 이름도 순아이었는지, 그런 실없는 생각을 해봤다.


  시골 파주 살구나무 집에 살던 순박하고 귀엽던 열일곱 살 아가씨 '순아'를 생각하는 초로의 문인. 그가 서울의 다방에서도 또 술집에서도 그 순아를 만나게 된다는 약간 환상적인 글이다. 콩트에 가까운 서사 수필이라고 볼 수 있을 것이다. 그러나, 전편(全篇) 바탕에 추억이 깔려 있고 그 도처에 정감이 흐르고 있으니, 이 작품은 서사 수필이되 서정적 요소도 아울러 가졌다고 보는 편이 더욱 정확할 것이다.

서정 수필이란 필자의 상념을 소재로 삼되 그 상념의 주조(主潮)가 정서적이거나, 그 상념을 전개시키는 과정에 있어서 정감을 바탕에 깐 수필을 일컫는다. 노천명의 수필에 그것이 많고, 피천득의 경우에도 이 부류의 것이 많다. 본보기의 하나로서 피천득의 「오월」을 인용한다.

  오월은 금방 찬물로 세수를 한 스물한 살 청신한 얼굴이다.
  하얀 손가락에 끼어 있는 비취 가락지다.
  오월은 앵두와 어린 딸기의 달이요, 오월은 모란의 달이다.
  그러나 오월은 무엇보다도 신록의 달이다. 전나무 바늘잎도 연한 살결같이 보드랍다.
  스물한 살이 나였던 오월, 불현듯 밤차를 타고 피서지에 간 일이 있다. 해변가에 엎어져 있는 보트, 덧문이 닫혀 있는 별장들. 그러나 시월같이 쓸쓸하지 않았다. 가까이 보이는 섬들이 생생한 색이었다.

  得了愛情痛苦
  失了愛情痛苦

  젊어서 죽은 중국 시인의 이 글귀를 모래 위에 써 놓고, 나는 죽지 않고 돌아왔다.
  신록을 바라다보면 내가 살아 있다는 사실이 참으로 즐겁다.

내 나이를 세어 무엇하리. 나는 지금 오월 속에 있다.

연한 녹색은 나날이 번져 가고 있다. 어느덧 짙어지고 말 것이다. 머문 듯 가는 것이 세월인 것을.

유월이 되면 '원숙한 여인'같이 녹음이 우거지리라. 그리고 태양은 정열을 퍼붓기 시작할 것이다.

밝고 맑고 순결한 오월은 지금 가고 있다.

설명이 필요치 않을 것이다. (중국 시인의 한시의 뜻은, "애정을 얻어서도 아프게 괴롭고, 애정을 잃고서도 아프게 괴롭다"에 가깝다.) 서정적 산문시에 가까운 서정 수필의 주옥편이다.

사경 수필(寫景隨筆)이라 함은 눈앞에 전개되는 즉경(卽景)을 묘사한 수필을 가리킨다. 그림에 있어서의 풍경화에 비유할 수 있는 부류의 것이다. 나의 「복덕방 있는 거리」의 일부를 예로서 들어본다.

문 밖 큰길가에 수양버들 한 그루가 비스듬히 서 있다. 수십 세의 연륜으로 슬픈 얘기들을 기억하는 굵은 줄기는 가죽이 벗겨지고 알맹이까지 썩어 달아나 반쪽만이 남았다. 그래도 젊은 가지 가지에는 새로운 잎이 피어서 가냘픈 그늘을 던진다.

수양버들 중허리에 때묻은 헝겊으로 된 간판 한 장이 걸렸다. 가로되 '복덕방'. 간판 밑에 긴 나무때기 의자 하나가 가로놓였다. 그러나 그밖에는 아무런 비품도 없다. 나무때기 의자에는 할아버지 두 분이 걸터앉았다. 두 분이 다 당목 고의적삼을 입으셨다. 한 분은 거무튀튀한 파나마 모자를 앞이 올라가게 쓰셨고, 또 한 분은 하얀 맥고 모자를 눌러 쓰셨다.

파나마 모자는 긴 담뱃대를 들었고 풍덩 품이 넓은 조끼를 입으셨다. 그러나 담뱃대에 연기는 나지 않고 조끼 단추는 꿰어지지 않았다.

맥고 모자는 바른손에 부채를 쥐시고 왼편에 단장을 기대놓으셨다. 그러나 부채질은 하지 않으신다.

두 분이 다 흰 고무신을 신으셨고 대님을 매셨다.

두 분은 그림 속의 인물처럼 그저 묵묵히 앉아 계신다.

저녁 햇볕을 받고 버드나무 그늘이 길게 길게 뻗기 시작하자 이곳 거리에도 오가는 사람들의 수효가 늘어간다.

열 사람들이 열 가지의 차림차림과 열 가지의 걸음걸이로 지나간다. 그들의 가지가지 모습에는 각자의 성격, 직업 그리고 계급을 밝히는 도장이 혹은 진하게 혹은 흐리게 찍혔다. 기쁨과 슬픔이 같은 길을 나란히 걸어간다.

희망과 근심이 열십 자(十)를 그리고 잠깐 소매를 스치더니 천천히 남북으로 사라진다.

흰 블라우스와 감색(紺色) 스커트로 대조를 꾸민 제복 두 벌이 무엇을 소곤대면서 골목길로 들어간다.

까만 바탕에 은빛 테를 두른 승용차 한 대가 먼지를 피우며 소리소리 올려 닥친다. 뒤칸에 탄 회색 양복의 목덜미가 언저리를 누른다.

땀 찬 러닝셔츠에 검정 바지를 걸친 신문 배달의 바쁜 다리가 기계처럼 움직인다.

어느 연못의 금잉어처럼 살이 그득하게 오른 중년 부인 한 사람이 바다같이 파란 파라솔을 이고서 하느작하느작 비탈길을 올라간다. 발걸음 옮길 적마다 엷은 하늘색 치마폭 사이로 백설 같은 속옷 자락이 보일락 말락 숨바꼭질을 한다.

미색 바탕에 수박색과 밤색 무늬를 굵직하게 놓은 원피스 하나가 뇌먹은 말처럼 미끈하게 자란 젊은 몸집을 갈색 뾰족구두 한 켤레에 의탁하고 음악에라도 맞추는 듯 맵시 있게 걸어온다.

그는 왼손을 들어 밉지 않게 생긴 이마로 흘러내리는 머리카락을 쓸어 올린다. 우유 같은 손이로되 반지는 보이지 않는다.

여체의 우아한 하반신의 곡선이 더위와 서늘함이 섞인 해거름의 공기를 부드럽게 어루만진다. 있는 듯 만 듯 인색한 바람이 수양버들 가지를 약간 흔들었다.

복덕방 영감님들은 아직도 그 자리에 앉아 계신다. 전설을 지닌 벽화처럼.

설리 수필(說理隨筆)이라 함은 설득적이며 이론적인 성격을 가진 수필을 일컫는다. 종교, 도덕, 인생 문제 등을 직접적으로 다룬 수필은 대개 이 부류에 속한다. 같은 문제를 다루되 논증과 체계에 치중하게 되면 논문이 된다. 수필은 어디까지나 미리 짜놓은 틀에 맞추기보다는 붓 또는 생각의 흐름을 따라서 자유롭게 펼쳐 나가는 데 그 특색이 있다.

철학자의 수필 가운데 설리적인 것이 많거니와, 여기서는 17세기 프랑스의 철학자 파스칼의 『팡세』 중에서 한 토막을 예로서 인용하기로 한다.

진리를 사랑하지 않는 사람들은, 그것에 관해서는 이론(異論)이 있다느니, 많은 사람들이 그것을 부정한다느니 하는 것을 구실로 삼는다. 그런데 그들의 오류는 그들이 진리 또는 인자함을 사랑하지 아니함에서 오로지 생기는 것이다. 그러나 그들은 이 점에 대해서는 변명을 하지 않는다.

이성(理性)의 마지막 한 걸음은, 이 세상에는 이성을 초월하는 것이 무한히 많다는 사실을 인정함이다. 이것을 인정하기에 이르지 못한다면 이성은 박약함을 면치 못한다.
자연계의 사물에도 이성을 초월하는 것이 많거늘, 하물며 초자연의 세계는 말할 나위도 없다.

소재와 수법을 기준으로 삼는 대신 한 수필이 가지고 있는 전체적인 성격 즉 그 내용과 형식의 종합에서 오는 전체적 성격을 기준으로 삼고 수필을 분류한다면, 문학적 수필, 철학적 수필, 과학적 수필 등의 구별이 가능할 것이다.
이 가운데서 '과학적 수필'이라는 말은 별로 쓰이지 않지만, 과학적 지식을 배경으로 삼고 과학적 세계관에 입각한 수필 가운데, 이러한 이름이 적합한 것이 더러 있다. 일본 수필의 고전적 작가로 알려진 데라다 도라히꼬(吉田寅彦)의 수필 가운데 이 부류의 것이 많다.
문학적 수필과 철학적 수필에 관해서는 장(章)을 바꾸어 좀더 상세히 생각해 보기로 하자.

『수필문학』, 1979. 8

# 문학적 수필과 철학적 수필

## 1. 문학으로서의 수필

수필이 문학이냐 아니냐는 문제를 두고 두 가지의 극단론이 있다. 그 하나는, 문학이 아닌 것은 수필이 될 수 없다는 것으로서 앞에서 소개한 윤오영 선생의 견해가 그것이다. 또 하나는, 그까짓 것이 무슨 문학이냐는 견해로서 굳이 입밖에 내지는 않더라도 속으로 치지도외(置之度外)하고 무시해 버리는 사람들의 생각이다.

이 두 가지 견해의 대립은 수필에는 문학적인 것도 있고 그렇지 않은 것도 있다는 제 3의 견해에 의하여 종합될 수 있을 것이다. 내가 이제 제 3의 견해를 택하는 이유는 형식적인 절충을 능사로 생각하기 때문이 아니라 '수필'이라는 말의 쓰임에 관한 우리의 현실과 이 견해가 일치하기 때문이다. 우리가 오늘날 '수필'이라고 부르는 것들 가운데는 비록 많지는 않으나 진정 문학적인 것이 있고 또 그렇지 못한 것도 무수히 있다.

여기서 우리는 "어떠한 수필이 문학적인 수필이냐?"는 물음에 부딪치게 된다. 수필을 문학으로 만드는 것, 즉 문학적 가치란 어떠한 것일까?

문학에 관해서는 개론서의 첫머리조차 읽은 적이 없는 필자이다. 지금부터라도 공부를 해서 이 문제와 대결을 해야 마땅할 것이나, 작금의 사정은 그것을 허락하지 않는다. 하는 수 없이 문외한의 상식을 의지 삼아 외람된 모험을 꾀할까 한다.

문학이 예술의 한 분과라는 사실이 우리에게 시사하는 바는, 수필의 문학성을 묻는 우리의 문제는 곧 예술의 본질을 묻는 더 광범위한 문제로 통하고 있다는 사실이다.

예술의 근본이 무엇이냐는 문제에 대해서도 전문가들의 견해는 가지각색이다. 예술에 있어서 근간을 이루는 것은 창작 활동이거니와, 이 창작 활동의 본질에 관한 고전적 견해만 하더라도 한두 가지가 아니다. 예컨대 정신분석의 창시자 프로이트는 창작 활동의 본질을 어린이나 원시인도 가지고 있는 유희 본능의 승화 작용이라고 보았다. 따라서 유희 본능은 만인의 소유인 까닭에 사람이면 누구나 예술가가 될 수 있는 가능성을 다소간 가지고 있다는 결론을 얻게 되었다.

그러나 프랑스의 철학자 베르그송은 창작 활동의 본질을, 사물의 진상(眞相)에 대한 투시력으로서의 직관으로 파악하였다. 그에 따르면 과학자를 포함한 일반인들은 세계와 사물의 겉모습만을 이해하는 데 비하여 사물의 진상 즉 본질을 꿰뚫어보는 특수한 직관력을 가진 소수의 사람들이 있다. 이 특수한 소수의 직관적 활동이 곧 예술의 창작 활동이라는 것이다. 이러한 견해로부터는 오직 천부의 재질을 타고난 소수의 엘리트만이 예술가가 될 수 있다는 결론이 불가피하다.

또 러시아의 문호 톨스토이는, 창작 활동의 본질은 '정서의 전달'이라고 주장하여 예술의 사회적 기능을 강조하였다. 이러한 전제로부터는 예술을 위한 예술을 찬미하는 예술지상주의에 반대하여 예술이 사회생활에 미치는 영향을 중요시하는 윤리적 예술론이 따라나오기 쉽다.

여기서 우리는 대립된 여러 예술론의 시비에 장황하게 말려들 필요는 없을 것이다. 다만 우리는 창작 활동을 "아름다움 즉 미적 가치를 만들어내는 인간적 활동의 한 유형"이라고 보는 상식에서부터 출발하는 것으로 족할 것이다. 이 상식은 서로 다른 여러 예술론에 공통적으로 적용되는 최소한의 공분모이기 때문이다.

아름다움을 만들어내는 모든 인간적 활동이 예술이라고 보기는 어렵다. 변두리 뒷골목의 미용사나 이발사 또는 삼류 정원사나 페인트 기술자도 아름다움을 만들어낸다. 그러나 그들 모두를 '예술가'라고는 부르지 않는다. 아름다움을 만들어내되 그 수준과 경지가 높아야 한다. 어느 정도의 수준 이상이라야 예술적 창작으로 볼 수 있느냐는, 그 시대와 사회의 문화 수준에 따라 다르다.

둘째로 유의해야 할 것은, 예술적 활동은 '아름다움의 창작'이라고 할 때 '아름다움' 즉 미의 개념을 넓게 잡아야 하리라는 점이다. 다시 말해서 상식적인 의미의 아름다움뿐 아니라, 유머, 거룩함 등으로 불리는 인간적 가치도 그 가운데 포함시켜야 된다는 것이 나의 생각이다.

좁은 의미로 쓰일 때의 '아름다움'은 주로 시각과 청각에 의하여 파악되는 가치를 말한다. 그러나 높은 경지에 도달한 인격 또는 순화된 순간의 인간 심정에 대해서도 우리는 '아름답다'는 말을 쓴다. 미덕, 미담, 미풍 등의 용어가 그 좋은 예이며, 이러한 말들이 가리키는 아름다움은 눈에 보이거나 귀에 들리는 아름다움은 아니다.

다른 예술의 경우는 모르겠지만, 의미의 전달이 가장 용이한 언어를 사용하는 예술 즉 문학에 있어서는 그것이 지향하는 '아름다움'의 개념을 넓게 잡는 것이 중요하다. 위대한 문학이 우리에게 안겨 주는 아름다움은 눈이나 귀에 호소하는 감각적인 미가 아니라, 가슴 또는 전령(全靈)에 울려오는 초감각적 아름다움이기 때문이다.

이 점은 특히 수필의 경우에 있어서 더욱 그렇다. 진실로 탁월한 수필이란 단순한 표현의 기교나 구성의 묘(妙) 또는 박식(博識) 따위만으로 되는 것이 아니다. 그것은 높은 지성과 깊은 정서를 바탕으로 한 성숙한 인격 또는 심성의 아름다움이 절묘한 표현을 얻었을 때 이루어진다. 여기서 우리는 수필이 지향하는 미가 외형적인 아름다움이 아니라 내면적인 그것임을 보는 동시에 좋은 수필을 얻기 어려운 근본 이유를 짐작하게 된다.

수필이 지향하는 심성의 미 또는 내면적인 아름다움 가운데 유머와 멋이 있다는 사실을 염두에 두는 것이 바람직하다. 유머에 관해서는 앞에서도 잠시 언급한 바 있는데, 그것은 높은 지성과 깊은 애정의 결합에서 오는 성숙한 심성의 표현의 대표적인 것의 하나이다. 우리나라의 '멋'이라는 말이 체격이나 용모 또는 옷차림과 같은 외형적인 것에도 적용되지만, 이 말의 더욱 적합한 주소는 인간의 아름다운 마음씨라는 것을 피천득 선생은 자신의 수필

「멋」에서 멋있게 보여주고 있다.

이상의 고찰로서 "어떠한 수필이 문학적 수필이냐?"는 우리의 물음에 대한 해답의 윤곽이 잡힐 것 같다. 한 편의 수필이 '문학적'이라고 불릴 수 있기 위해서는 그 속에 아름다움이 깃들어 있어야 한다. 구성의 묘, 표현의 기교 등이 빚어내는 외형적인 아름다움도 수필을 문학적으로 만드는 데 물론 중요하지만 필자의 성숙한 인품에서 오는 내면적인 아름다움은 수필의 문학적 차원을 결정하는 기본 요소라 하여도 지나치지 않을 것이다.

엄밀한 의미에 있어서 아무런 아름다움도 갖지 않은 수필은 흔치 않을 것이다. 글로 쓰고 싶을 정도의 인상 깊은 체험 또는 진지한 사색을 정성 들여 쓴 것이라면, 그 글 가운데 다소간의 아름다움이 깃들게 마련이다. 간판 기술자의 작품에도 아름다움이 있듯이 서투른 솜씨로 쓴 글에도 약간의 아름다움은 형성되는 것이 보통이다. 그렇다면 다소라도 아름다운 점이 있는 글을 모두 문학이라고 볼 것인가? 이것은 사람에 따라서 서로 다른 의견이 제시됨직한 어려운 문제이다. 장난감 시계도 '시계'라고 부를 수 있듯이 습작 단계의 수필에 대해서도 '문학 수필'의 이름을 붙여서 안 될 것은 없을 줄 안다. 다만 본격적인 문학이 되기 위해서는 그 글이 담고 있는 미적 가치가 질과 양에 있어서 상당한 수준에 도달해야 할 것이다.

그 '상당한 수준'의 정도를 명확하게 규정하기는 아마 어려울 것이다. 이것은 한 작품이 속하는 사회의 문화 수준에 비추어서 생각할 문제이며, 수준이 낮은 사회에서 '문학'으로 통하는 작품도 그것이 높은 사회로 자리를 바꾸면 문학 이하의 것으로 평가될 수 있을 것이다. 다만 여기서 막연하게나마 한 가지 말할 수 있는 것은 '문학 작품'이란 창작에 대해서만 적용할 수 있는 이름이라는 사실이다.

'문학'이란 창작에 대해서 바치는 찬사이다. 따라서 새로움이 없는 작품은 문학이 될 수 없다. 표현 또는 내용에 있어서 무엇인가 새로운 면이 있어야 한다. 이미 다른 사람들이 이야기했던 것을 모방한 단계를 벗어나지 못한 글은 본격적인 의미의 문학이 될 수 없다. 특히 필자 자신의 개인적 체험과 사색을 바탕으로 삼는 수필문학에 있어서는 이 점은 더욱 강조되어도 좋을 것이다.

## 2. 수필과 철학

서양의 철학자들 가운데는 자신의 사상을 수필의 수법으로 전개한 사람들이 많다. 『어록』(語錄)으로 유명한 에피쿠테토스, 『명상록』(冥想錄)의 저자 마르쿠스 아우렐리우스 황제, 『우정론』(友情論)으로 널리 알려진 문장가 키케로 등 로마 시대의 스토아 학파 철학자들 가운데 이 부류의 저술가들이 많다. 근세 이후에 있어서도 파스칼의 『팡세』, 베이컨의 『수상집』, 몽테뉴의 『수상록』, 니체의 『짜라투스트라는 이렇게 말했다』 등 수필적인 철학서가 많이 나오고 있다. 동양의 철학적 고전 중에서는 『장자』(莊子)를 수필의 일종으로 보는 견해가 있다.

위에 열거한 부류의 수필 가운데는 문학적 가치가 높은 것도 많지만, 대체로 철학서로서의 비중이 크다고 보아야 할 것이다. 다시 말해서 이제 우리가 고찰하고 있는 부류의 저술에 가장 어울리는 이름은 '문학적 수필'이기보다는 '철학적 수필'일 것이다.

여기서 '철학적'이라는 말이 가리키는 철학은 매우 넓은 의미의 그것이며, 현대의 전문적 철학자들이 생각하는 좁은 의미의 그것이 아님은 물론이다. 그리고 철학적 수필과 문학적 수필을 대립시킬 때, 이 두 가지 수필의 한계가 분명하다거나 그들이 외연(外延)에 중복이 없다는 뜻이 아니라는 것도 이미 암시한 바 있다. 철학적인 동시에 문학적인 수필도 얼마든지 있을 수 있다는 것은 우리들의 상식에 속한다. 결국 수필을 문학적인 것과 철학적인 것으로 나누어 보는 것은 오로지 편의를 위한 것에 지나지 않는다.

논리학에서는 일종의 오류로 지적되는 교차 구분(交叉區分)임을 면치 못하는 줄 알면서도 굳이 '문학적 수필'과 '철학적 수필'을 구별하고자 하는 데는 나름의 두 가지 이유가 있다. 하나는 수필은 반드시 문학적이 아니면 값어치가 없다는 생각이 옳지 않음을 지적하고자 함이요, 둘째는 수필과 철학의 관계를 고찰해 볼 기회를 만들고자 함이다.

수필이 문학이기를 원하는 사람들 가운데는 문학적 수필만을 중요시하고 그밖의 것은 모두 '잡문'(雜文)의 부류라 하여 일률적으로 물리치는 견해가 있다. 그러나 이것은 편협한 생각이 아닐까 한다. 비록 문학적 감동은 주지 않는 글이라 할지라도 그 사상 내용이 깊고 논리의 전개가 정연하여 독자의 지성을 일깨우는 바 크다면 그것은 훌륭한 글로 평가되어야 할 것이다. 그리고 수필의 범주에 드는 글 가운데도 이러한 예가 적지 않다. 베이컨의 수필이 그 대표적인 예라는 것은 널리 알려진 상식이다. 베이컨의 글 밖에서도 그러한 예를 찾아볼 수 있다는 본보기로서 알랭(Alain)의 단장(短章)「행복과 권태」중에서 한 구절을 읽어보기로 하자.

사람이면 누구나 행복을 추구한다고 보통 말한다. 나 같으면 오히려 "행복을 바란다"고 말하고 싶다. 그나마도 말만으로, 그리고 남의 의견을 따라서 행복을 바란다고 말하고 싶다.

행복이란 인간이 쫓아다니는 것이 아니라 소유하는 것이다. 소유하지 않는다면 한갓 언어에 불과하다. 물건에는 높은 값을 치면서 자기 자신의 값은 낮추어 매기는 것이 우리들 일반의 현상이다. 사람들은 부(富)를 즐기기를 염원한다. 더러는 음악 또는 학문을 향유하기를 원하기도 한다. 그러나 부를 사랑하는 것은 상인이고 음악을 사랑하는 것은 음악가이며 학문을 사랑하는 것은 학자이다. 아리스토텔레스가 잘 말했듯이 현실이 그런 것이다.

그러나 가만히 앉아서 받아들이는 것만으로는 별로 신통한 일이 없다. 몸소 실천한다면 때리고 맞는 따위의 하찮은 일까지도 흥미가 있다. 만약 말을 길들이는 행위와 같이, 곤란은 하나 질서를 위한 행위라는 관점에서 노고를 이해한다면 모든 고생은 행복의 일부라고 말할 수 있을 것이다.

정원은 제 손으로 가꾸지 않으면 보람을 느끼지 못한다. 설득을 통하여 손아귀에 넣지 않는다면 여자도 별로 흥미가 없다. 힘 안 들이고 권력을 얻은 자는 권력에도 곧 권태를 느낀다. 체조 선수에게는 뛰어 넘는다는 행복이 있다. 달리기 선수에게는 달리는 행복이 있다. 구경꾼에게는 오직 즐거움이 있을 뿐이다. 어쨌든 운동 선수는 자기 스스로 한 일 또는 하고자 하는 일로 말미암아 행복한 것이다. 행복이란 손과 발로 익히는 것, 스스로 애써 노력함으로써 느끼는 것이다. 고리대금업자든 연인이든 정복자이든, 누구를 막론하고 각자 스스로 자기의 행복을 실천한다.

여기 인용한 글에 문학적 요소가 전혀 없다고 주장하는 것은 아니다. 그러나 전체에서 풍기는 인상은 문학적이기보다는 넓은 의미에 있어서 철학적이라 하겠다. 그리고 체험에서 우러난 지혜를 깊이 간직했다는 뜻에서 좋은 글이다. 논문은 아니고 역시 수필로서 좋은 글이다.

　수필과 철학이 긴밀한 관계를 맺는 것은 매우 바람직한 일이라고 나는 생각한다. 그렇게 생각하는 첫째 이유는 수필이 철학자와 대중을 연결하는 훌륭한 통로의 구실을 한다는 사실에 있다.
　철학이 연구실과 강단에만 틀어박혀서 전문가들 사이에서만 이야기를 주고받는 것은 최선의 길이 아니다. 철학이란 본래 소수의 전문가들만을 위한 독점물로 그칠 성질의 것이 아니기 때문이다. 인간은 누구나 그가 인간인 까닭에 철학적인 문제에 부딪치며 부딪친 문제를 풀고자 하는 과정에서 철학자와의 대화를 희망한다. 그러나 전문적 철학 서적은 일반적으로 그 내용과 표현이 어려워서 일반 독자의 접근을 거부한다. 이러한 사정 속에서 철학적 사색의 결과를 현실 생활에 연결시켜 가며 쉽게 풀어쓴 글의 의의는 매우 크다. 그리고 이러한 글들 가운데 '철학적 수필'이라는 이름이 적합한 것이 흔히 있다.
　수필과 철학의 긴밀한 유대를 희망하는 둘째 이유는 좋은 수필을 쓰고자 하는 사람을 위하여 철학이 큰 힘이 될 수 있다고 믿는 점에 있다. 일상적인 정서와 말재간만으로 쓸 수 있는 수필에는 한계가 있다. 이 한계를 넘어서서 한 차원 높은 글을 쓰기 위하여 큰 힘이 되는 것은 날카로운 비판 정신, 편협하지 않고 공정한 사고(思考)의 습성, 논리 정연한 추리력, 그리고 멀리 길게 내다보는 높은 관점 등이다. 그런데 이러한 정신적 능력을 배양함에 있어서 철학은 상당한 도움을 줄 수 있을 것이다. 철학이 아니고서는 그것을 기를 수 없다는 뜻은 결코 아니다. 다만, 이른바 '철학적 정신'의 핵심이 바로 날카로운 비판 정신과 공정한 사고, 논리의 정확성과 원대한 시야에 있다는 사실을 지적하고자 함이다.

### 3. 수필과 생활

문학의 아름다움과 철학의 참됨을 아울러 가지고 있는 수필— 이것이 가장 훌륭한 수필이라고 나는 믿는다. 그런 뜻에서 수필은 문학과 깊은 관계를 가지고 있는 동시에 또 철학과도 깊은 인연을 가졌다.

문명된 나라의 국민으로서 문학과 전혀 관계가 없는 사람은 드물다. 초등학교 어린이 시절에는 누구나 동요를 배우고 상급학교로 진학해서는 모두 시나 소설을 읽는다. 대학을 졸업하기까지 대개 한 번쯤은 시 또는 소설을 제 손으로 써 보고 싶은 충동에 사로잡힌다. 어쩌면 인간은 문학적 동물일지도 모른다.

철학하는 태도의 가장 근본적인 특색은 생각하고 또 생각하는 진지한 자세일 것이다. 진지한 자세로 자기의 문제를 깊이 깊이 생각하는 지성적 태도— 이것이 넓은 의미의 철학함이다.

어느 정도 성숙한 사람이라면 누구나 한 번쯤은 자기의 문제와 깊이 대결한다. 세상살이 겪는 동안에 한 번도 심각한 문제와 부딪치지 않을 정도로 평탄한 생애는 거의 없다. 심각한 문제에 봉착하여 고민하지 않을 정도로 무신경한 사람도 보기 어렵다. 고민이란 곰곰이 생각한다는 뜻이니, 고민하는 순간 우리는 가장 초보적인 의미에 있어서 철학의 문 앞에 서게 된다. 이러한 관점에서 볼 때 우리는 대개 한 번쯤은 철학과 가벼운 인연을 맺는다. 파스

칼이 인간을 "생각하는 갈대"라고 규정했을 때, 그 '생각'이라는 말을 '철학 이전의 철학'의 뜻으로 해석한다 하여도 전혀 근거 없는 억지가 되지는 않을 것이다.

수필은 문학과도 깊은 관계가 있고 철학과도 깊은 관계를 가졌다고 하였다. 그리고 사람은 누구나 문학 및 철학과 다소간 인연을 가졌다고도 하였다. 만약 그렇다면 여기서 우리는 하나의 가설을 세워보아도 좋을 것 같은 생각이 든다. 사람은 대개 다소간 수필과 인연이 있다는 가설이다. 진실이 담긴 수필이라면 누가 읽어도 마음에 든다는 뜻에서, 대개는 자기도 한 편 써보고 싶은 충동을 느낀다는 뜻에서, 수필은 대중적이고 인간적이다.

우리는 누구나 나 자신을 사랑한다. 사랑하는 까닭에 나를 훌륭한 인간으로 만들고 싶고, 훌륭한 인간으로 만들고 싶은 까닭에 나 자신의 현재와 가능성 그리고 나 자신의 장점과 단점 등을 깊고 바르게 알고 싶다.

나 자신을 알고 나 자신의 인격을 닦고 기르는 데 수필이 어떤 도움을 줄 것이라는 생각을 막연히 가지고 살아왔다. 수필을 읽고 쓰는 까닭에 그런 생각이 든 것인지, 또는 그런 생각이 들기에 수필에 대한 관심이 깊어간 것인지, 그 선후는 중요하지 않다.

우리들의 기억력은 의외로 허약한 것. 내가 스스로 체험하고 스스로 생각했던 일들도 시일이 지나면 잊혀진다. 잊지 않기 위해서는 기록으로 남기는 길밖에 없다. 나 자신의 체험과 사색을 기록에 남길 때 그 기록의 방식 여하를 따라서 일기가 되기도 하고 일반 수필이 되기도 한다.

살다 보면 견딜 수 없이 슬픈 일 또는 괴로운 일에 부딪친다.

슬픈 일 또는 괴로운 일을 견디어내는 방법의 하나로서 수필을 쓰는 길이 있다. 종이 위에 적는다는 것은 대상화(對象化)한다는 뜻이 된다. 내 슬픔, 내 괴로움도 일단 이것을 종이 위에 기록하게 되면 그 순간 그것은 객관적 사실로서 내 마음 밖으로 자리를 옮긴다. 바꾸어 말하면 슬픔과 괴로움을 종이 위에 기록하는 순간 나는 한 걸음 떨어져서 내 슬픔과 괴로움을 바라보는 마음의 여유를 얻는다. 슬퍼하고 괴로워하는 나 자신을 남의 일처럼 관조하는 마음의 여유이다.

마음의 여유를 가지고 보면 모든 것이 가소롭다. 삶 그 자체가 구름 같고 꿈 같거늘, 그 안에서의 희로애락 또한 구름 같고 꿈 같음을 벗어나지 못한다. 무대 위 연극배우의 슬픔과 괴로움이 반드시 심각할 이유가 없듯이 삶의 광장에서 겪는 우리의 슬픔과 괴로움도 반드시 심각해야 할 이유가 없다. 이유가 없음에도 공연히 심각해 하는 나 자신이 한편 우습고 한편 측은하다. 나 자신을 측은히 여기면서 슬며시 웃어주는 웃음 — 이것이 바로 '유머'라는 웃음이다. 이래서 수필에서는 유머의 값을 높이 매긴다.

수필에 그려지는 나는 최상의 순간의 나 자신이다. 수필을 쓰는 시간에 우리는 자기 자신을 깊이 반성한다. 반성하는 나와 반성당하는 나. 후자가 나의 낮은 얼굴이라면 전자는 나의 높은 얼굴이다. 사람은 누구나 악마에 가까운 낮은 얼굴과 성현에 가까운 높은 얼굴을 아울러 가진 두 겹의 존재이거니와 반성하는 순간에 내 마음의 정면으로 부각되는 것은 나의 높은 얼굴이다. 수필은 바로 이 높은 얼굴을 반영하는 것. 그것은 내 영혼이 어쩌다 도달한 높은 경지의 기록이다.

수필을 쓰면서 나 자신의 슬픔과 괴로움을 저편에 놓고 한 걸음 물러서서 관조할 때, 우리는 종종 성숙한 지성의 웃음— 유머의 경지에 이른다. 유머의 심경(心境)으로 움직인 붓대의 기록으로서의 수필은 나의 최상의 순간을 잡은 스냅 사진이다.

붓을 거두고 시간이 흐르면, 나는 다시 나 자신의 저속한 얼굴로 돌아온다. 돌아와서 그곳에 머물러 산다. 그러나 어쩌다 다시 내 자신의 글을 읽게 되면 그때 나는 또 한 번 나의 높은 얼굴과 마주 앉는다. 마주 앉아서 내 자신의 높은 얼굴을 다시 찾는다.

수필은 나의 거울이다. 그 앞에 정좌하고 내 본연의 모습을 되찾는 보배로운 거울이다. 나는 내 수필 앞에서 옷깃을 여민다.

알뜰하게 쓰여진 남의 수필을 읽는 것도 티 없는 즐거움이다. 그 필자도 나와 같은 괴로움에 시달렸고 나와 같은 아픔을 앓았다는 사실을 알게 될 때 그 필자와 나 사이의 거리가 좁혀진다. 어렵고 어려운 고비를 슬기롭게 넘긴 남의 이야기는 내 자신의 감격을 유발하고 수필에 나타난 필자의 아름다운 정감은 나 자신의 가슴을 데운다.

수필을 통하여 우리는 친구를 만난다. 이미 알던 사람의 글을 읽고 그때 다시 그를 만나는 수도 있다. 다시 만나서 그때 비로소 가까운 친구가 된다.

수필을 통해서 만난 친구들 사이에는 번거로운 거래도 대립된 이해관계도 없다. 사이에 놓고 욕심으로 맞설 유혹이 없는 까닭에 수필로 얻은 우정은 언제 만나도 담담하게 그저 반갑다.

글로만 알고 존경하던 사람을 실제로 만나본 뒤에 실망을 느끼는 수가 많다. 글에 나타난 필자의 모습이 그의 '최상의 순간의 모습', 즉 그의 가장 좋은 면만의 추상(抽象)임을 모르고, 그의 전모(全貌)로 잘못 안 독자들이 그런 실망을 경험한다. 위선으로 가득 찬 설교조의 글을 읽고 큰 지도자를 만났다고 착각하는 독자들도 같은 실망을 자초한다. 수필을 통하여 좋은 친구를 얻을 수 있는 것은 오직 진솔한 필자와 정확한 독자들 사이에 있어서뿐이다.

『수필문학』, 1979. 9

# 수필 창작의 기본

## 1. 소재 선택과 작품 구성

　기왕 쓸 바에는 수준이 높은 글을 쓰고 싶은 것이 인지상정(人之常情)이다. 나 한 사람이 좋은 글을 쓰고 싶을 뿐 아니라 우리 나라 수필이 전체로서 높은 경지에 이르기를 염원하는 것이 진정 수필을 사랑하는 사람들의 일반적인 심정이다. 문학의 세계에서 한갓 지엽적 존재로밖에 인정되지 못하고 있는 오늘의 한국 수필을 옛날의 산문(散文)이 차지했던 영광된 자리로 복귀시키고자 하는 의도적 노력이 이미 일각에서 일어나고 있다.
　심산 유곡을 뒤져 산삼을 캐자면 우선 산삼의 모습과 특색을 알아야 한다. 좋은 수필을 쓸 수 있기 위해서는 우선 좋은 수필의 특징 또는 조건을 알아야 할 것이다. 그러나 어떤 것이 좋은 수필이냐는 물음에 대한 사람들의 견해가 반드시 일치하지 않으니, 그 객관적 기준을 논하기는 매우 어려운 일이다. 엄밀한 뜻에서 객관적인 평가 기준이 있는지조차도 논란의 여지가 큰 문제이므로, 문학의 전문가도 아닌 나로서는 엄두도 못 낼 난제이다.

여기서는 나의 개인적 견해를 정리해 보는 일에 그친다. "어떠한 수필이 좋은 수필이냐?"고 묻는 대신, "나는 어떠한 수필을 좋아하는가?"라는 물음을 제기하고, 나의 주관적 의견을 종합해 보고자 하는 것이다. 비록 '개인적 견해'라고는 하더라도, 나 혼자의 힘으로 생각해 낸 의견은 아닐 것이며 들은 풍월의 영향도 많을 것이다. 그런 대로 참고가 되리라는 기대를 가지면서 이 어려운 문제에 접근해 보고자 한다.

좋은 수필에 관하여 누구나 말할 수 있고 아무도 반대하지 않을 의견이 있다. 사상적 내용이 풍부하고 구성과 표현이 절묘한 작품이 좋은 수필이라는 의견이다. 사상에 중심을 둔 내용의 측면과 문장에 중심을 둔 기교의 측면이 모두 탁월하면 좋은 수필이라는 당연한 주장이다.

그 자체로서는 별로 도움이 되지 않을 이 당연한 주장이 우리에게 알리는 것은, 문학의 모든 분야가 그렇듯이 수필도 그 내용의 측면과 기교 또는 형식의 측면을 일단 나누어서 생각하는 편이 편리하리라는 사실이다. 엄밀한 의미에 있어서는 떼어서 생각할 수 없는 두 측면이지만, 접근의 편의를 위해서는 떼어서 고찰하는 편이 유리할 것이다. 우선 기교의 측면부터 착수하기로 하자.

수필의 기교 또는 기술적 측면 가운데서 가장 큰 비중을 차지하는 것은 문장과 표현일 것이다. 그밖에 소홀히 할 수 없는 것으로서 소재(素材)의 선택과 작품의 구성을 생각할 수 있을 것이다. 우선 비교적 간단한 소재 선택의 문제부터 살펴보기로 하자.

탁월한 솜씨를 가진 사람이라면, 자기가 체험한 아무 것이라도 수필의 소재로 소화시킬 수 있을 것이다. 진실로 위대한 화가는 어떠한 대상을 앞에 놓고라도 그림을 그릴 수 있는 것과 비슷한 사정이다. 그러나 진실로 좋은 작품을 쓰는 데 결정적 구실을 하는 것은 좋은 소재이며, 특히 초보자의 경우에 있어서는 소재가 차지하는 비중이 더욱 크다. 같은 필자의 작품들 가운데 우열의 차이가 크게 나는 원인의 대부분이 그 소재의 우열에 있다는 것은, 한 작가의 수필집을 통독한 사람은 누구나 알 수 있는 사실이다.

그러면 어떠한 소재가 좋은 소재 노릇을 하는 것일까? 일반적으로 말해서 흔히 누구나 경험하는 흔해빠진 현상이나 사건보다는 자기만의 독특한 체험이 소재로서 빛을 보기 쉽다. 일반적인 소재라면 이미 다른 사람들이 거듭 써먹은 뒤인 까닭에 새로운 글을 쓰기가 어렵다. 그리고 어디에도 새로운 점이 없는 글은 감명을 일으키기 힘들다.

둘째로 말할 수 있는 것은, 너무 거창한 문제보다는 작고 구체적인 문제를 소재로 삼는 편이 안전하다. 사랑, 우정, 정의, 신앙 등 추상적이며 광범위한 문제를 다루어서 읽을 만한 글을 쓰자면, 그 역량이 아주 탁월해야 한다. 보통사람들이 그러한 문제를 다룰 경우에는, 십중팔구는 남이 한 말을 모방하는 데 그치고 말 것이다.

구사 일생의 극적인 사건 또는 북극 탐험과 같은 희귀한 체험 따위도 물론 수필을 위한 소재가 될 수 있겠지만, 우리네의 평범한 일상생활 속에서도 좋은 소재를 발견할 수가 있다. 보통사람들이 간과해 버리는 알뜰한 소재를 생활 주변에서 찾아내는 태도가 수필가에게는 매우 중요하다. 정진권(鄭震權) 씨가 자장면, 비닐

우산 등의 하찮은 것을 소재로 삼고 훌륭한 글을 썼다는 사실은, 이 점을 설명해 주는 좋은 본보기가 될 것이다.

소재의 선택이 결정된 다음에는 작품의 짜임새를 신중히 구상해야 할 것이다. 수필이란 본래 생각나는 대로 붓 가는 대로 써 내려가는 것이며 미리 어떤 틀을 짜고 구성(構成)을 꾸밀 필요는 없다는 견해도 없지 않다. 그러나 수필도 하나의 깔끔한 작품이 되기 위해서는 역시 어느 정도 구성에 신경을 써야 한다고 생각한다. 다만 처음부터 세밀한 계획을 짜놓고 그에 맞추어서 쓸 필요는 없다고 생각하며, 대체로 방향과 방침만을 미리 생각해 두는 것으로 족하리라고 본다.

작품 구성에 있어서 가장 중요한 것은, 그 작품의 핵심 또는 요지를 선명하고 아름답게 부각시키는 방안을 강구하는 일일 것이다. 음악 작곡에 있어서 주선율(主旋律)이 중요하듯이, 수필에 있어서도 작품 전체를 통하여 전달하고자 하는 핵심적 상념(메인 아이디어)이 있어야 하고, 또 그것이 아름답게 부각되어야 한다. 이때 그 핵심적 상념이 반드시 하나로 국한될 필요는 없으며, 긴 작품의 경우에는 둘 이상으로 늘어날 수도 있다. 예컨대, 어떤 가을 풍경을 아름답게 묘사하는 동시에, 그 풍경을 바라보는 필자의 심경 — 회상, 관조 등 — 을 형상화하는 따위가 그것이다. 그러나 너무 여러 가지 표상(表象) 또는 생각을 한 작품에 담으려고 욕심을 부리면, 초점이 흐려져서 도리어 싱거운 글이 되기 쉽다.

작품의 구성과 관련해서 특히 숙고해야 할 것은 선택된 소재를 어떤 각도에서 포착하여 이를 어떻게 다루느냐 하는 문제이다. 모처럼의 좋은 소재도 그것을 포착하는 앵글이 잘못되거나 다루는 수법이 서투르면 작품을 버리고 만다. 앞서 2장에서 소개한 나의 글 「오해」도 그 실례의 하나로 볼 수 있을 것이다.

「오해」에서 내가 말하고 싶었던 것은, 세상에는 억울한 오해를 꼼짝없이 당할 경우가 있다는 것, 그 오해의 주인공이 내가 아끼는 사람이어서 정성을 다해 이를 풀고자 해도 뜻대로 되지 않을 경우의 안타까운 심정 등일 것이다. 흔히 있는 일이고 특별히 좋은 소재는 아니지만, 잘만 다루었더라면 그런 대로 읽을 수 있는 작품을 빼낼 수도 있는 화제라 하겠다.

이 소재를 실패작으로 그치게 한 근본 사유(事由)는, 그 결론을 너무 직설적(直說的)으로 앞에 내세운 데 있었다. 이 소재는 추상적 언어로 다룰 것이 아니라 구체적 언어로써 그 특수한 경우를 묘사했어야 한다. 다시 말해서, 꼼짝없이 오해를 당하게 된 경위, 그것을 성의껏 해명해도 믿어주지 않는 상대편의 완강한 태도, 그리고 오해를 풀지 못한 심정의 안타까움 등을 구체적으로 정교하고 박진감 있게 그렸어야 한다. 그리고 일반적이며 추상적인 어떤 결론을 내리는 일은 독자에게 맡겼어야 옳다.

작품의 구성과 관련해서 또 한 가지 유의해야 할 것은 작품의 서두(書頭)와 결미(結尾)의 중요성이다. 특히 서두는 작품의 첫인상을 좌우하므로, 신중히 생각해서 첫 구절을 적어야 할 것이다.

앞에서 말한 「오해」의 경우, 오해를 당하게 된 경위부터 설명해 나가는 것은 아주 서투른 서두가 될 것이다. 차라리 오해로 갑자기 달라진 상대편의 태도부터 묘사하는 편이 나을 것이다. 그리고 오해를 받게 된 경위는 경우에 따라서 생략할 수도 있고, 아주 간단하게 처리할 수도 있을 것이다.

서두를 꺼내는 첫마디가 저서나 논문의 서론 비슷한 언어로 시작되는 것은 아주 좋지 않다. 예컨대 '등산'을 소재로 글을 쓰는 사람이, "나는 산을 사랑한다. 일요일이면 비가 오나 눈이 오나 거르지 않고 산에 오른다. 세 끼 밥은 굶어도 등산만은 생략할 수가 없다. …"는 투로 시작했다면, 아마 대부분의 독자는 그 글을 끝까지 읽어주지 않을 것이다.

"산을 사랑한다"거나 "등산을 즐긴다"는 따위의 말로 자기를 설명하는 것보다는 독자로 하여금 "이 사람 정말 산을 사랑하는구나" 하는 실감이 나도록 유도하는 편이 나을 것이다. 가령, 빗방울이 떨어지는 이른 아침에 아내의 만류를 무릅쓰고 대문을 나서는 장면부터 시작하는 것도 한 방법이 될 수 있을 것이다.

노천명의 「관악 등산기」의 서두는 다음과 같은 말로 시작되었다.

등산할 마음으로 나선 것이 아니라 나는 못 가겠다는 말을 이르러 약속한 다방으로 나갔다.

조촐하면서도 산뜻한 시작이다. 노천명의 수필은 다른 작품에서도 대개 그 첫마디에 참신하고 격조 높은 분위기가 감돈다. 다시 한두 가지만 예를 들어보자.

백중(百中)이 되도록 모가 나가질 못했고 빽빽이 서 있는 모판이 있는가 하면, 김장을 갈려고 풀을 뽑고 밭을 매는 데가 있어 농촌 풍경도 얼숭덜숭하다. (「원두막」)

먼지가 많은 길을 피해 골목으로 든다는 것이 걷다 보니 부평동

(富平洞) 장거리로 들어섰다. (「산나물」)

  서두는 그럴듯하게 잘 시작해 놓고 그 다음에 가서 글을 버리는 수가 있다. 글의 전개(展開)가 서툴러 문맥이 약하기 때문이다. 도도히 흐르는 강물처럼 일관된 문맥이 뚜렷이 서도록 전개를 자연스럽게 해나가는 것도 작품 구성에 있어서 중요한 한 과정이다.
  수필의 문맥(文脈)에는 논리적 측면과 정서적 측면이 있다. 논리의 이로(理路)가 정연한 동시에 정서의 흐름에 막히는 곳이 없으면, 문맥으로서는 일품이라 하겠다. 독자로 하여금 중간에 쉬지 않고 끝까지 읽게 만드는 힘은 바로 이 문맥의 뛰어남에서 온다 하여도 과언이 아니다.
  미리 틀을 짜 놓고 그 틀에 맞추어 조립식으로 수필을 쓰면 문맥이 죽기 쉽다. 한 편의 수필 속에 이것저것 너무 여러 가지를 담으려고 욕심을 부려도 문맥이 흐트러진다. 생각과 붓의 흐름을 따라서 자연스럽게 써나가되, 지엽적인 이야기는 솎아 버리는 것이 문맥을 살리는 기본이다.

  결미 즉 맺는 말도 수필의 맛을 살리는 데 중요한 구실을 한다. 결미에 있어서, 종합적 결론을 딱 내려서 전체를 꽉 묶는 것보다는, 앞으로도 이야기는 계속될 수 있다는 느낌이 들도록 여운을 남기는 수법이 바람직하다. 바로 이 점이 수필과 논문의 차이점이다. 수필에 있어서는, 필자가 결론을 내리는 것보다는 독자로 하여금 결론을 생각하도록 남겨두는 것이 바람직하다. 특히 도덕적 결론으로 독자를 훈계하는 것은 매우 졸렬한 끝맺음이다. 수준 낮은 독자들만이 그런 글을 고맙게 여긴다.

서두를 조촐하게 끄집어내는 재간이 특출했던 노천명은 끝을 맵시 있게 맺는 재능에도 뛰어났다. 한두 가지만 예를 들어보자.

어디 산나물 같은 사람은 없을까? (「산나물」)

언제나 이 캄캄하고 답답한 터널 속에서 내 인생 기차는 빠져나가게 될 것이냐?
이 어둠과 먼지를 훌훌 털어버리게 어서 좀 화안해지고 푸른 하늘이 나오너라.
이 크리스마스에 나오는 집 같다는 내 산장엔 오늘도 소나무 가지에서 까치들만 지저귄다. (「나의 생활백서(生活白書)」)

## 2. 문장과 표현

소설과 희곡 그리고 학술 논문을 포함한 모든 분야의 문필 활동에 있어서 문장력은 매우 소중하지만, 특히 수필의 경우 그 중요성은 더욱 지대하다. 수필을 문장의 예술로 보는 사람이 있을 정도로 이 분야에 있어서 문장의 비중은 거의 절대적이다.
『문장론』 또는 『문장 독본』 등의 이름을 가진 단행본이 쓰여질 정도로 문장에 관해서는 이론도 많은 것으로 안다. 나는 이 방면의 어려운 이론은 알지도 못하지만, 여기서는 다만 수필에 있어서 내가 좋아하는 문장을 중심으로 문외한의 상식을 정리해 보고자 한다.
글의 기본적 기능은 뜻의 전달에 있는 것으로 안다. 필자의 뜻을 독자에게 전달해 주는 구실을 제대로 하지 못한다면 글로서의 가치가 없다. 그러므로 글은 우선 알기 쉬워야 한다는 결론이 생긴다. 알기 쉬운 글이 되기 위해서는 우선 문장이 평이(平易)하고 표현이 선명해야 할 것이다.

문장은 우선 평이해야 한다. 한때는 어려운 한자어나 외래어를 섞어 가며 난삽한 문장을 쓰는 것을 자랑으로 여기는 현학(衒學)이 판을 치기도 했으나, 이제 생각하니 못난 사람들의 공연한 장난에 가깝다. 문장이 어려워야 뜻이 깊다는 생각은 속임수에 지나지 않는다. 알기 쉬운 말에 깊은 뜻을 담는 것이 진정 저력이 있는 문장가요 사상가이다. 특히 현대와 같이 신경의 번거로움이 많은 세상에 있어서는, 알기 쉬운 글로 독자의 부담을 더는 것이 필자의 미덕이다.

알기 쉬운 문장이 되기 위해서는, 쓰이는 단어가 쉬울 뿐 아니라 문장의 구조도 단순한 것이 좋으며 문법의 기본에 어긋남이 없어야 한다. 공연히 복잡하게 뒤틀린 문장이나 문법의 기본 논리를 배반한 글은 필자의 뜻을 정확하게 전달하기 어렵다. 때로는 약간 변칙적인 문장 또는 문법을 다소 무시한 문장이 도리어 매력을 더할 경우도 없지 않다. 그러나 그러한 파격(破格)이 허용되는 것은 높은 경지에 이른 문장가가 간혹 좀 색다른 글을 시도할 경우에 국한된다. 초심자가 함부로 흉내낼 일이 아니다.

문장은 알기 쉬울 뿐 아니라 그 뜻이 정확하게 나타나야 한다. 뜻을 정확하게 나타내기 위해서는 문장이 정밀해야 한다. 특히 서사 수필(敍事隨筆) 또는 사경 수필(寫景隨筆)의 경우 이 점이 강조되어야 할 것이다. 애매모호한 표현이나 막연한 추상적 언어를 나열한 불투명한 글은 좋은 글이 아니다.

문장이 정밀하다 함은, 자질구레한 사실까지 세세히 나타낸다는 뜻은 아니다. 그것은 필자의 뜻이 정확하고 선명하게 나타나도록 정교함을 말한다. 필자의 뜻이 정확하고 선명하게 나타나기 위해서는 우선 필자의 생각과 관찰이 정확하고 선명해야 한다. 생각이 흐리멍덩하고 관찰이 부정확한 사람은 정밀한 글을 쓰지 못한다. 문장에 앞서서 사람이 있어야 하는 것이니, "글은 사람이다"라는 말도 이러한 문맥 속에서 수긍이 간다.

예외는 언제나 있는 법이다. 막연하고 모호한 표현이 허용될 경우가 전혀 없는 것도 아니라고 나는 믿는다. 특히 서정적인 수필에서 그런 경우가 생길 수 있을 것이다. 예컨대 환상적 분위기를 강조할 필요가 있을 때, 또는 비밀스러운 사실을 약간 비추되 전부를 노골적으로 드러내기를 원치 않을 때, 그러한 표현을 사용할 수도 있을 것이다. 그러나 이것은 어디까지나 특수한 경우이며, 아무 때나 남용할 성질의 것이 아니다. 그리고, 정밀한 문장에 충분히 숙달한 사람이 간혹 그렇지 않은 글도 써보는 것과 애당초 능력이 달려서 애매한 표현에 머무는 것과는 차원이 다른 이야기다.

평이성(平易性) 및 정밀성(精密性)에 이어서, 수필의 문장이 갖추어야 할 특색으로서 또 하나 강조되어야 할 것은 간결성(簡潔性)이다. 탁월한 수필이 일반적으로 갖는 기본적 특징의 하나는 풍부한 함축성이다. 그리고 함축이 풍부하기 위하여 절실히 요청되는 것이 문장의 간결성인 것이다. 글은 객수(客水)가 섞이지 않은 원액처럼 농도가 짙어야 하며, 농도가 짙기 위해서는 첫째로 문장이 간결해야 한다. 부질없이 사용된 미사여구나 공연히 첨가된 부사나 형용사는 농도를 낮추는 객수와 같은 것으로서 문장의 간결성을 해치는 군더더기다. 문장은 짧고 깔끔한 것이 원칙적으로 바람직하다.

　수식어가 많이 붙어서 화려한 문장을 아름다운 글의 으뜸으로 본 때도 있었다. 그러나 현대인의 감각으로 볼 때는 도리어 간결한 문장이 아름답다. 마치 고담(枯淡)한 문인화(文人畵)에 차원 높은 아름다움이 깃들었듯이, 지엽(枝葉)이 생략된 간결한 문장에도 차원 높은 아름다움이 담겨 있다.

　뜻을 알기 쉽고 정확하게 전달하는 데도 간결한 문장이 유리하다. 불필요한 군더더기는, 석유 남포등 심지의 군더더기가 그렇듯이, 문장의 빛을 흐리게 한다.

　문장의 간결성에 관해서도 강조가 지나쳐서는 안 된다. 간결성에 지나치게 집착한 나머지 아주 메마른 글이 된다면 그것은 본의가 아니다. 현대에 있어서도 문장의 윤색(潤色)은 필요한 것이며, 글의 리듬을 위하여 글자 몇 낱 더 보탤 필요가 생길 때도 적지 않다. 요는 문맥 전체를 통해 본 조화(調和)의 문제이다.

　각 문장이 간결해야 할 뿐 아니라 전체로서의 글 자체도 간결해야 한다. 작품 전체를 통하여 불필요한 문장은 뽑아 버려야 한다. 불필요한 단어가 한 문장(sentence)의 격을 낮추듯이, 불필요한 문장은 글(作品) 전체의 값을 깎는다. 어느 편이냐 하면, 군더더기 문장의 피해는 군더더기 단어의 그것보다도 더욱 치명적이다.

　간결성에 이어서 다음에 강조해야 할 것은 글의 품위(品位) 또는 품격(品格)이다. 사람에게 고상한 인품과 저속한 인품의 구별이 있듯이, 글에도 품격이 높은 문장과 저속한 문장의 구별이 있다. 그리고 글의 품격과 그 필자의 인품 사이에는 밀접한 상관관계가 있다.

수필은 본래 옛 선비들의 산문(散文)에 근원을 둔 전통을 가진 것으로서 지금도 선비다운 품위를 지닌 것이 높은 평가의 대상이 된다. 어떠한 글을 선비다운 품위의 글이라고 일컫는지 말로 설명하기는 어려우나 문장에도 예절(禮節)이 있음을 상기하면 그 뜻을 짐작하기 어렵지 않을 것이다. 글의 예절을 말함은 현대에 있어서 격식에 얽매여 따분하고 답답한 도학자적 문장을 숭상하자는 뜻은 아니다. 현대에는 현대에 맞는 예절이 있음을 아는 사람은 그 뜻을 곡해하지 않을 것이다.

품위 있는 글을 직접 설명하기보다는 그 반대인 저속한 글을 설명하는 편이 수월하다. 세상에 흔한 것이 저속한 글이기 때문일까?

거칠고 상스러운 언어를 거침없이 사용한 문장이 저속한 글의 가장 알기 쉬운 예라는 것은 만인의 상식이다. 항간에서 상스러운 말로 인정되고 있는 단어를 간혹 사용하고도 저속하다는 인상을 주지 않는 글이 있다. 아마도 그러한 결과는 글 전체의 맥락과 분위기에서 오는 것이며, 상당히 높은 경지의 문필가에게만 기대할 수 있는 파격일 것이다.

수다스럽게 말이 많은 글도 저속한 부류에 속한다. 자신의 재주와 박식을 과시라도 하려는 듯이 이말 저말 말이 많은 글은 품격이 떨어진다.

독자의 관심을 끌고자 하는 의도 또는 그 환심을 사고자 하는 저의가 보이는 글도 저속한 부류에 속한다. 독자를 웃기려고 억지로 애를 쓴 흔적이 역력한 글도 품위가 떨어진다.

지나치게 감상적이거나 그밖의 감정의 노출이 지나친 글도 일반적인 경우 저속한 느낌을 준다. 듣는 사람 쪽에서는 웃음이 나오기도 전에 말하는 사람이 먼저 웃어대는 이야기꾼의 태도가 품위 없게 보이듯이, 독자의 감동을 앞지르고 필자 자신의 흥분을 가누지 못한 글도 품위가 떨어진다.

  기발한 생각이나 교묘한 표현을 남발하여 필자의 재기(才氣)와 재치를 과시하는 따위의 글도 저속한 부류에 들어간다. 일상생활에 있어서 재주가 일거 일동에 넘쳐흐르는 인품이 경박한 인상을 주기 쉽듯이, 글에 있어서도 재주가 겉으로 흐르면 그 품격이 떨어지기 쉽다.

  정서가 움직이지 않는 글은 메말라 수필의 맛이 없고, 재기의 번뜩임이 없는 글은 싱겁고 평범하여 읽을 흥미가 없다. 그러나 정서는 밑으로 가라앉아야 하며, 재주는 뒤로 숨어야 한다. 정서는 움직이되 가라앉고 재기는 번뜩이되 뒤로 숨은 글. 이것이 품위 있고 무게 있는 글의 일품이다.

  수필의 소재에 따라서는 재치 있고 경쾌한 필치로 처리해 버리는 것이 도리어 어울리는 경우도 없지 않다. 그러나 원칙으로 말하면 글은 무거운 편이 상품이다. 평소에는 근엄한 사람이 때에 따라 가끔 농담도 할 때 진정한 멋이 느껴지듯이, 일반적으로는 무겁게 가라앉은 글을 쓰는 문장가가 때때로 기회를 잡아 가벼운 필치도 보여줄 때 진정 멋있는 문필이 탄생한다.

  문장의 품격에 이어서 또 한 가지 강조해 두어야 할 것은 문장의 리듬 즉 율동(律動)이다. 글은 읽기 위해서 있다. 소리를 내서 읽든 소리 내지 않고 읽든, 읽는 글에는 음악적인 아름다움이 따라야 한다. 글에 있어서의 음악적인 아름다움. 이것이 바로 문장의 리듬이요 율동이다.

  리듬은 직감으로 파악하는 일종의 속성인 까닭에 이를 말로 설명하기는 매우 곤란하다. 문장의 리듬은 필자의 천성과 체질 그리고 정신 상태를 반영한다. 따라서 인위적으로 조작하기는 어려우며 더욱이 남에게 가르치기는 한층 곤란하다. 각자 자기의 개성과 취향을 따라서 자기 문장의 리듬 패턴을 정립할 성질의 것이다. 다만 문장의 율동에 어떠한 유형이 있는가를 알고 스스로 음악적 아름다움이 더하도록 의식적인 노력을 기울이라고 말하는 것이, 이 문제에 관해서 줄 수 있는 도움말의 전부일 것이다.

수필에서 흔히 쓰이는 문장으로서, 평탄한 지세(地勢)에 강물이 흐르듯, 부드럽고 우아하게 펼쳐지는 리듬을 가진 것이 있다. 유려체(流麗體)라고도 불리는 이 부류의 문장은 음악적인 아름다움이라는 점에 관한 한 가장 효과적이라고 말할 수 있을 것이다. 그러나 실제로 취하고자 할 때는 몇 가지 어려움이 따른다.

첫째로, 이 유형의 글은 마디마디가 끊어지지 않도록 이어가야 하는 까닭에, 자연히 문장이 길어지게 마련이다. 서양말의 관계대명사에 해당하는 품사(品詞)가 없는 우리말의 경우, 문장이 길어지면 글의 뜻이 불투명하게 될 염려가 있다.

둘째로, 문장이 길어지면 글의 맥이 빠지기 쉽다. 힘없이 축 늘어진 글이 되기 쉬우며, 짧고 간결한 문장이 주는 경쾌하고 야무진 맛을 잃는다.

그러나 아주 능숙한 경지에 이른 사람의 경우라면, 이 유려체를 따르면서도 이 유형이 빠지기 쉬운 결함을 피할 수 있을 것이다. 수필을 쓰는 사람으로서는 버리기 아까운 문체(文體)이므로, 연구와 수련으로 익히도록 힘쓸 일이다.

유려체와는 정반대의 문체도 있다. 짧게 딱딱 끊어지는 문장으로서 현대 젊은 층에 의하여 많이 쓰이는 유형이다. 간결체(簡潔

體)라고도 불릴 수 있는 이 유형은 초보자도 구사할 수 있고, 뜻의 전달이 쉬우며, 경쾌하고 단단한 맛이 풍기는 등의 장점을 가지고 있다. 그러나 이 유형에도 그 나름의 약점이 있어서 무조건 권장하기에는 주저되는 바 없지 않다.

첫째로, 음악적 아름다움이라는 점에서 볼 때, 이 둘째 유형으로는 좋은 성과를 거두기가 매우 어렵다. 우리말 문장이 거의 모두가 '다' 자로 끝나게 마련이어서, 짧게 자주 끊으면 '다' 음이 계속 나와 귀에 거슬린다. 뿐만 아니라, 짧게 자주 끊기면 면면히 흐르는 맛이 없고 가다가다 중간에서 막히는 기분을 주므로, 음악적 율동미를 느끼기 어렵다.

둘째로, 짧게 자주 끊는 단문(短文)을 이어가는 글로서는, 많은 독자들이 수필에 대해서 기대하는 우아하고 부드러운 분위기를 자아내기 어렵다. 문장이 끊길 때마다 숨도 끊기는 듯한 느낌이 들며, 전체의 분위기에 윤기가 모자라는 듯한 아쉬움이 따른다.

셋째로, 지나치게 짧은 문장으로는 복잡하고 미묘한 심상(心像) 또는 상념(想念)을 묘사하기 어려울 때가 많다. 한데 엉켜 있는 복잡한 심상을 둘로 나누어 잘라서 표현할 때, 자칫하면 본래의 심상과는 다른 것을 나타내기 쉽다.

그러나 이상은 한갓 일반론에 지나지 않는다. 연구와 수련을 거듭하면 위에 말한 결점들을 극복한 새로운 문체를 개발하는 일도 불가능하지는 않을 것이다.

여기 말한 두 가지 이외에도 또 여러 가지 리듬의 문장을 생각할 수 있고 또 교재 등에는 여러 가지 이름이 나와 있는 것으로 안다. 각각 일장일단이 있는 그것들을 일일이 거론하는 것은 번거로울 뿐 큰 의의가 없다. 요점은 글의 음악적 아름다움을 염두에 두고, 각각 자기에게 맞는 리듬을 습득함이 중요할 것이다. 반드시 한 가지 리듬만 고집할 것이 아니라 소재에 따라서 문체를 바꾸어보는 것도 바람직한 시도일 것이다. 어떠한 길을 택하든, 자기가 쓴 글을 낭독해 가며 흐름에 거슬리는 부분을 고쳐가는 수법은 언제나 도움을 줄 것이다.

　문장 하나하나의 리듬에 못지 않게 중요한 것으로서 작품 전체의 톤(音調)도 고려해야 한다. 작품 전체의 톤에서 특히 유의해야 할 것은, 같은 작품에서는 한 가지 톤으로 일관하는 것이 원칙이라는 사실이다. 처음에는 부드럽고 유려(流麗)하게 나가다가, 중반 이후의 음조가 바뀌어, 끝머리에 가서는 딱딱한 문체로 굳어버리는 따위는 바람직하지 못한다.

　같은 작품은 한 가지 톤으로 일관해야 한다 함은, 글자 그대로 같은 음조로 단조롭게 끌고 나가라는 뜻이 아니다. 한 가지 톤으로 밀고 나가는 가운데도 다소의 굴곡이 있어야 하고 약간의 기복이 있어야 한다. 마치 화창한 날씨의 망망대해에도 파도가 일고 일망무제 대평원(大平原)에도 다소의 굴곡은 있듯이, 한결같이 흐르는 글에도 약간의 변화가 있는 것이 도리어 자연스럽다.

　때로는 잔잔하게 흐르던 톤을 잠시 갑자기 높이 올렸다 다시 떨구는 방법으로 효과를 보는 수가 있다. 고전음악을 들어보면 고요한 선율이 잔잔히 흐르다 갑자기 모든 타악기가 일제히 울리며 청중들로 하여금 정신이 번쩍 들게 하는 때가 있다. 같은 수법은 수필에서도 사용될 수 있다고 생각된다.

　글의 청각적(聽覺的) 미(美)뿐 아니라 그 시각적(視覺的) 미도 도외시할 수 없다. 옛날의 선비들은 서예(書藝)를 필수의 교양으로 익히고 자기의 글은 자기의 필체로 멋있게 기록하였다. 같은 글도 명필이 기록하면 한결 돋보이는 법이다. 현대는 인쇄술의 발달로 활자가 육필(肉筆)을 대신하게 되었으니, 옛날처럼 서예의 시각적 미로써 글의 운치를 더하기는 어렵다. 그러나 인쇄한 글에 있어서도 시각적 미의 차이가 전혀 없는 것은 아니다. 시의 경우가 그렇듯이, 수필도 인쇄에 옮겼을 때 아름답게 보이도록 꾸밈으로써 작품 전체의 분위기를 높이는 것이 바람직하다.

한자(漢字)가 너무 많이 섞인 글은 인쇄해 놓아도 보기에 좋지 않다. 감탄부호나 의문부호 또는 생략부호 등 글자 아닌 기호(記號)가 너무 많이 눈에 뜨이면 천하게 보인다. 한 문단(文段)이 너무 길어서 지면 전체를 활자가 빽빽이 메우고 여백이 없으면 보기에 답답하다.

문단이 바뀌면서 화제가 좀 달라질 때 행간(行間)을 한 칸 띄우는 방법도 시각적 효과에 상당한 보탬을 준다. 그러나 시각적 효과를 위해서 행간을 띄우는 것은 지나친 작위(作爲)가 될 것이다. 글 자체의 내용과 흐름으로 보아 잠시 숨을 돌리는 것이 적당하다고 판단되었을 경우에, 적절히 행간을 띄어 독자에게 문맥의 전환을 알린다면, 글의 뜻을 이해함에도 도움이 되고, 시각의 미를 더함에도 보탬이 될 것이다.

문장과 표현에 관해서 끝으로 한 가지 더 말해 두고 싶은 것은 문체의 개성에 관해서이다.

수필이 창작되기 위해서는 무엇인가 새로운 점이 있어야 하고, 필자의 개성이 작품 위에 뚜렷이 나타나야 한다. 이 새로움과 개성미(個性美)가 작품의 내용을 통해서 나타나야 함은 더 말할 나위도 없거니와, 문장과 표현에 있어서도 그것은 나타나야 한다. 알기 쉽게 말해서, 높은 경지의 수필가가 되기 위해서는 자기 자신의 개성 있는 문체와 표현 양식을 개발해야 한다는 뜻이다. 서예에 종사하는 사람이 대가(大家)의 경지에 이르자면 자기 자신의 필체를 수립해야 하는 것과 같은 논리라 하겠다.

그러나 의도적으로 자기의 고유한 문체를 꾸며보고자 서두는 것은 극히 위험한 일이다. 서도(書道)에 전통적으로 수립된 기본 기법이 있듯이, 문장도(文章道)에도 오랜 전통이 닦아 놓은 기본 원칙이 있다. 서예가가 우선 그 전통적 기본 기법을 소화해야 하듯이, 문장가는 이 전통적 기본 원칙을 완전히 습득해야 한다.

일단 기본기가 확고히 다져진 다음에는, 굳이 개성 있는 문체를 의도하지 않더라도, 자연히 자기 자신의 천성과 체질이 반영되어 개성 있는 문장과 표현이 형성될 것이다.

결국 문장과 표현의 문제는 오랜 연습과 노력의 과제라 하겠다.

『수필문학』, 1979. 12

# 한국 수필의 오늘과 내일

## 1. 수필과 대중

 1980년대에 들어서면 우리 한국도 풍요로운 나라가 될 것이라는 낙관론이 지배적이다. 나도 그렇게 되기를 바라는 마음 간절하며, 전쟁 또는 천변지이(天變地異) 같은 큰 불행만 없으면 그렇게 될 전망이 밝다고 내다본다.
 물질의 풍요만으로 삶이 행복될 수 없다는 것은 우리들 모두의 상식이다. 물질문명의 발달이 도리어 정신생활의 빈곤을 초래하기도 한다는 역사적 사실을 아는 우리는, 앞으로 다가올 고도 산업화에 대하여 일말의 우려를 금치 못하는 심정이다. 물질생활의 풍요와 조화를 이룰 슬기로운 정신생활을 영위하기 위한 어떤 대책이 있어야 한다는 것이 식자들 사이의 여론이다.
 슬기로운 정신생활의 달성을 위한 방안은 여러 가지 차원에서 여러 가지 면으로 강구되어야 할 것이다. 정부의 차원에서 추진해야 할 문제들도 있을 것이요, 전문학자들이 연구할 과제들도 있을 것이며, 언론기관을 포함한 여러 문화단체에서 맡아야 할 사업도 있을 것이다. 그러나 정신생활의 단위 주체는 결국 개인이니, 개인 각자의 인생 설계와 실천에 마지막 관건이 달려 있다 하여도 과언이 아닐 것이다.

슬기로운 정신생활의 설계와 수필을 관련시킨다면 엉뚱한 견강부회(牽强附會)라고 웃어버릴 사람도 있을 것이다. 그러나 수필에 대한 어느 정도의 이해를 가진 사람들은 수필이 우리들의 정신생활 속에서 차지할 수 있는 작지 않은 위치를 의심하지 않을 것이다. 수필만으로 무엇이 어떻게 된다고 말한다면 황당한 소리가 될 것이다. 그러나 수필도 우리 정신생활의 심화(深化)를 위하여 알뜰한 공헌을 할 수 있다는 주장에는 거짓도 과장도 없다.

깊이 있는 정신생활을 향유하기 위한 방안으로서 학문 또는 예술에 종사하는 길을 생각할 수 있다. 한 분야의 학문을 깊이 연구하여 업적을 남기거나 한 분과의 예술에 종사하여 높은 경지에 도달한다면, 그 사람은 그것만으로도 이미 보람 있는 정신생활의 주인공이 되었다고 볼 수 있을 것이다. 그러나 전문적인 학자나 예술가가 된다는 것이 누구에게나 가능한 길은 아니다. 개인적 소질의 문제도 있고 기회의 제한에서 오는 문제도 있다. 그리고 학문이나 예술도 그것이 물질생활을 위한 돈벌이의 수단으로 그칠 때는 이미 정신생활과는 멀어진다.

정당하고 질서 있는 사회의 건설을 위한 역군이 되거나 남을 위하여 헌신하는 사회봉사의 일꾼이 되는 것도 보람 있는 정신생활의 달성을 위한 좋은 길이 될 것이다. 다만 갸륵한 특지가들만이 들어설 수 있는 이 길은 너무나 어렵고 고달픈 길이어서, 내가 앞장서기 전에 남에게 권고하기는 주저스러운 도정(道程)이다.

학자나 예술가, 사회운동가나 사회사업가 또는 그밖의 어떤 정신적 직업에도 종사하기 어려운 사람들도 참여할 수 있고 또 한 가지 정신적 직업에 종사하는 사람들도 겸하여 참여할 수 있는 정신생활의 작은 영역으로서 수필의 세계가 있다. 대단한 수필가가 되기는 쉬운 일이 아니겠으나, 다만 마음의 위안을 위한 방안으로 일기를 쓰듯 소박한 글을 쓰는 일은 대개 누구에게나 가능하다. 그것조차도 어려운 사람들은 남의 수필을 읽는 것만으로도 한가로운 시간을 즐기는 결과를 얻을 것이다.

수필은 대개 누구나 관심을 가질 수 있고 또 누구나 각자의 형편을 따라서 깊고 얕게 관여할 수 있다는 뜻에서 대중적이며 서민적이다. 그리고 수필을 읽고 읽히는 가운데 사람들이 서로 이야기하게 되고 또 친구도 얻게 되니, 그것은 대중적 사교의 매체로서도 훌륭한 구실을 한다. 게다가 수필은 자기 자신의 생활을 반성하고 정리하는 일기와 비슷한 문필 활동이라는 사실을 생각할 때, 수필이 대중의 정신생활을 위하여 가질 수 있는 의의는 결코 과소 평가할 성질의 것이 아님을 알 수 있을 것이다.

근래 우리나라에 수필을 쓰고 읽는 사람들의 인구가 많이 늘어난 것은 우선 좋은 현상이라고 나는 믿는다. 쓰는 인구가 많으면 글의 평균 수준이 떨어지는 것은 자연스러운 귀추라 하겠다. 그러나 수필 인구의 저변 확대는 대국적 견지에서 긍정적으로 받아들일 것이요, '잡문 나부랭이'니 '신변잡감류(身邊雜感類)'니 하며 경멸의 어조로 못마땅하게 말할 성질의 것이 아니다. 그렇게 말하는 태도는 수필의 본령을 문학에만 국한시키려는 편견에 기인하거나,

남을 내리고 자기를 높이는 교만한 생각에서 연유한다 하겠다.

내가 어렸을 때 연식 야구(軟式野球)라는 것이 유행한 적이 있다. 고무로 만든 공을 사용하는 야구였다. 진짜 야구 선수의 안목으로 보면 야구가 아니었다. 손정구라는 것도 어린 학생들 사이에서 유행하였다. 라켓 대신 손바닥으로 치는 미니 정구의 일종이다. 손정구보다 한층 고급인 것으로, '이다 라켓' 정구라는 것도 있었다. 송판으로 적당히 만든 수제(手製) 공채로 말랑말랑한 공을 치게 마련이었다. 정말 정구를 하는 사람의 안목으로 본다면 어린이들의 장난에 불과한 것으로서 유치하기 짝이 없었다.

그러나 이 연식 야구의 보급은 정식 야구의 발달을 위하여 이바지하였고, 이다 라켓 정구의 유행은 진짜 연식 정구의 보급을 촉진하는 선구(先驅)의 구실을 하였다. 소꿉장난 스포츠에서 출발하여 본격적 스포츠로 발전하는 예는 그 당시 다른 종목에도 있었다. 부잣집 아들도 중학교에 들어가서 제대로 된 스케이트를 사기 전에, 대개 두 가지 싸구려 스케이트의 수련 기간을 거치게 마련이었다. 제일 처음에는 대장간에서 만든 스케이트를 끈으로 발에 동여매고 빙판 위에서 곤두박질을 쳐야 했고, 그 다음에는 나사를 돌려 일반 보행용 구두에 붙였다 떼었다 하는 중산층 스케이트를 메고 다녀야 했다.

수필도 마찬가지라고 나는 생각한다. 처음에는 유치한 글짓기부터 시작해서 그것이 점차 발전하여 마침내는 훌륭한 수필이 탄생하는 예는 얼마든지 있을 수 있다고 믿는다. 스포츠에 저변 인구가 중요하다면, 수필에 있어서도 사정은 마찬가지가 아닐까 한다.

문화의 어떠한 분야에 있어서나, 소수의 탁월한 거장(巨匠)이

나오기 위해서는 그들을 떠받드는 다수의 저변 대중이 필요하다. 이 다수의 존재가 조성하는 분위기 또는 기운(氣運)의 밑거름이 아니고서는 저 소수의 큰 열매가 생기기 어려운 것이다.

"수필을 쓰는 사람이 독자를 의식해서는 안 된다." 누가 이런 말을 하는 것을 들은 적이 있다. 어떤 맥락에서는 이 말이 백 번 옳다. 그러나 글자 그대로 이 말을 믿을 수는 없다. 세상에 독자라는 것이 없다면 시인은 시를 지을 흥미를 잃을 것이라고 말한 괴테가 훨씬 더 정직한 사람이다. 수필을 읽어줄 많은 독자들이 있고, 또 그 가운데는 자기와 서로 잘 아는 사람들도 있다고 믿기에 밤낮을 가리지 않고 붓을 들 의욕이 생긴다. 독자가 없는 글을 쓴다는 것은 청중이 없는 연설을 하는 것처럼 맥이 풀리는 일이다. '잡문 나부랭이'를 써가며 수준 높은 작품에 박수를 보내는 대중이 있는 까닭에, 그들을 업신여기는 문학적 수필가가 유지될 수 있다고 말한다면 공연한 억설이라 할 것인가.

수필에도 물론 전문가 또는 지도적 인물의 출현이 절실하게 필요하다. 다만 그러한 사람들이 우연히 혜성처럼 나타나기는 어려운 일이며, 역시 다수의 애호가들이 빚어내는 분위기의 밑받침이 선행해야 할 것이다.

수필을 애호하는 저변 인구가 늘어나고, 또 그 가운데 전문가 또는 이론적 지도자가 출현하고 하는 가운데 연륜이 차면 후세에 남을 만한 출중한 작품도 쏟아져 나올 것이다. 그 출중한 작품이 높은 문학적 가치를 지니고 있다면 문학적 수필이 될 것이요, 깊은 철학적 사상을 지녔다면 철학적 수필이 될 것이다. 이리하여 문학의 향기 높은 수필 또는 철학의 함축 깊은 작품이 우리 사회에 많이 출현한다면, 그것들이 우리 정신생활의 풍요를 위하여 더

없이 고마운 경사가 될 것이다. 만약 문학적인 동시에 철학적인 걸작이 나타난다면, 그 의의는 더할 나위 없이 클 것이다.

그러나 소수의 탁월한 작품이 나타날 때 비로소 수필이 우리들의 정신생활을 위하여 뜻 깊은 존재가 되는 것은 아니다. 그런 것의 출현이 없더라도 여러 사람들이 수필을 쓰고 읽으며 즐기게 되면, 그것만으로도 그 의의가 적지 않으리라고 믿는다. 체육의 보급은 세계적 선수의 탄생을 결과하지 않더라도, 그것만으로 이미 귀중한 의미를 갖는다.

## 2. 한국 수필의 현 단계

세 사람의 문학평론가들이 한자리에 모여서 한국 수필에 관한 좌담회를 연 기록을 읽은 적이 있다. 그 가운데 오늘의 한국 수필이 1930년대의 그것보다도 오히려 수준이 낮다는 발언이 있었다. 나에게는 놀라움과 실망을 주는 발언이었다. 세계가 앞으로 전진을 계속하고 있는데, 우리나라의 수필만은 40년 전보다도 오히려 못하다면, 수필에 관심을 가진 사람들에게는 사기가 떨어지는 이야기가 아닐 수 없다. 나는 그러한 비교가 잘못된 평가에서 온 것이기를 희망하면서도, 문학사에 대한 지식이 박약한 까닭에 일말의 불안을 금치 못했다.

그러나 지금은 저 문학평론가들의 주장이 별로 근거가 없는 발언이었다고 나는 믿고 있다. 그렇게 믿게 된 것은 『수필문학』지가 작년 여름에 「한국 근대 수필 30선(選)」 및 「한국 현대 수필 30선(選)」을 특집으로 실은 뒤부터의 일이다.

나도 위원의 한 사람으로서 참석했던 그 편집위원회에서는 '근대 수필'과 '현대 수필'의 경계선을 편의상 해방 전과 후로 가르기로 정하였다. 그런데 막상 작품을 추리는 작업에 들어갔을 때, 신문학 운동이 일어난 이후 해방에 이르기까지 약 반세기 동안에 쓸 만한 수필을 남긴 작가 30명을 찾아내기가 매우 힘들었다. 이에 비하여 해방 이후 30여 년 동안에 반반한 수필을 발표한 사람들은 너무 수가 많아서 30명으로는 도저히 모두 망라하기 어렵다는 사실을 발견하였다.

궁여지책으로 근대 수필 30선은 속편까지 내어 도합 60선으로 바꾸는 방안을 강구하는 한편, 해방 이후에 주로 활동한 사람들도 그 이전의 작품이 있고 또 작고한 사람의 경우는 근대 편으로 넣는 안을 채택하였다. 그렇게 했음에도 불구하고, 해방 전 작가 중에서는 도저히 30명을 채울 수가 없어서 27명으로 마무리하고, 나머지 세 편은 그 27명의 작품 가운데서 또 뽑기로 하였다.

「한국 현대 수필 30선」 첫 특집은 우선 연령 순으로 30명만 뽑기로 하여 편집에 큰 어려움은 없었다. 그러나 그보다 젊은 사람들의 작품으로 채우게 된 속편(續篇) 30선의 편집은 아주 힘이 들었다. 그래도 사람이 남는 것이었다. 좀처럼 결론을 얻기가 어렵다고 보였을 때, 나는 "굳이 30선으로 못을 박지 말고 33선 또는 35선 정도로 수를 늘리는 것이 어떠냐"는 궁색한 제안까지 하였다. 그렇게 하면 속편이라는 말을 붙일 수 없다 하여 내 의견은 철회되었고, 결국 꼭 넣어야 할 사람들 몇 분이 빠지는 결과가 되고 말았다. 그분들에게는 지금도 속으로 미안한 생각의 빚을 지고 있지만, 젊은 세대로 내려올수록 주목할 만한 수필가가 많다는 사실에는 희망이 서려 있었다.

편집위원들의 주관적 판단 또는 지식의 부족에서 온 잘못도 있었을지 모른다. 주위의 잘 아는 친구들의 이름을 빼기가 어렵다는 심리의 작용도 있었을지 모른다. 그러나 내가 느낀 인상으로는, 한국식의 인정론(人情論)이 의도적으로 배제된 매우 냉정한 분위기의 편집회의였다. 아무리 객관적으로 따진다 하더라도, 해방 이후의 수필가가 수효에 있어서 그 전에 비하여 월등하게 압도적이라는 사실을 부인하지 못할 것이다.

수필에 있어서도 양보다는 질이 더욱 중요하다는 견해가 성립할 것이다. 적어도 '30선' 따위를 선정하는 취지로 볼 때에는 확실히 질의 문제가 더욱 중요하다. 비록 수필의 양에 있어서 해방 이후가 압도적인 다수로 나타났다 하더라도, 질에 있어서 해방 이전이 우세하다면, 좌담회에서의 평론가들의 발언은 정당했다고 볼 수 있을 것이다. 그러나 내가 보기에는 질적으로 따지더라도 역시 1930년대보다는 1950년대 이후의 수필이 높은 수준에 이르렀다고 판단된다.

1978년 7월호에 실린 「한국 근대 수필 30선」을 통독하면서 1930년대에 이미 기성 작가로서 알려졌던 이효석(李孝石) 이전의 작가들과 해방 이후에 원숙한 단계에 이른 이양하(李敭河) 이후의 작가들을 비교할 때, 결코 후자가 뒤떨어지지 아니함을 본다. 예컨대 1930년대에 약관 20여 세의 젊은이였던 노천명과 한갓 십대 소년에 불과했던 조지훈(趙芝薰)의 글은 그들의 선배 가운데 누구에게도 뒤지지 않는 일품이라고 나는 생각한다.

다음에 1978년 8월호에 실린 「한국 현대 수필 30선」과 그 전달의 「한국 근대 수필 30선」을 비교할 때 해방 이후의 작품들만 모아 놓은 전자의 경우가 전체적 수준이 높다고 나는 판단한다. 특히 마해송, 고형곤, 윤오영, 피천득, 최정희, 박목월 및 그밖의 몇 사람의 글은 아주 빛나 보이며 해방 이전의 선배들을 능가하고 있다고 나는 확신한다.

끝으로 1978년 9월호에 실린 「한국 현대 수필 속(續) 30선」에 작품이 실린 작가들과 8월호 즉 「한국 현대 수필 30선」의 작가들을 비교해 본다. 후자는 70대에서 50대 후반에 이르는 연령층이고, 전자는 주로 40대와 30대 그리고 소수의 50대 초반의 연령층을 포함한다. 이 경우에 있어서도 나는 젊은 층이 별로 손색이 없다고 본다. 노장들에 비하여 약간 미숙한 점이 눈에 뜨이기도 하나, 더욱 갈고 닦을 여지가 남은 이들의 앞으로의 발전 가능성까지를 고려한다면, 10년 또는 20년 뒤의 우리나라 수필 수준은 현재의 그것을 월등하게 능가할 수 있으리라고 전망된다.

우리나라의 수필을 앞으로 걸머지고 나가면서 그 수준을 과거와 현재보다 높여주리라고 기대되는 중견 내지 신인 수필가들의 이름이 적어도 15, 16명 정도는 지금 내 머리에 떠오른다. 그들의 이름을 감히 여기 열거하지 않는 것은 그것이 외람된 짓이 아닐까 하는 두려움도 있거니와, 내가 잘 모르는 사람들 가운데도 더 많은 유망주들이 도사리고 있을 것으로 믿기 때문이다.

그러나 한국 수필의 현 단계를 만족스럽게 생각한다는 뜻은 결코 아니다. 다만 과거와 비교할 때 현재를 비판할 이유가 없다는 것을 말하고 싶었을 뿐이다. 관점을 달리하여 욕심 섞인 시선으로 우리나라 수필계의 현황을 바라볼 때는 불만스러운 점도 적지 않다.

우리나라에 오직 하나뿐인 월간 수필 전문지 『수필문학』의 신간을 받아들 때, 흔히 실망에 가까운 느낌을 갖는 것은 필자 한 사람만의 심정이 아닐 것이다. 주옥(珠玉)에 비길 작품 세 편만 보이면 만족하자는 것이 내 평소의 생각인데, 그것이 어렵다. 어떤 달에는 한 편도 반듯한 것이 눈에 뜨이지 않는다.

수필이라는 것이 본래 어려운 문필 분야이니 매월 출중한 작품을 기대하는 것이 잘못이라는 자위론(自慰論)도 성립할 수 있고, 편집진의 역량과 노력의 부족을 나무랄 수도 있을 것이다. 그러나 수필가 각자가 조금만 태도를 바꾸면 아름답고 충실한 작품이 현재보다 더 많이 탄생할 수 있으리라고 나는 생각한다. 이미 늙은 작가들에게 큰 기대를 거는 것은 무리가 될지 모르나, 젊은 층으로부터는 좀더 좋은 작품이 나와야 마땅하다고 말할 수 있을 것이다.

내가 보기에는 오늘 한국의 젊은 수필가들에게 거의 공통된 폐단이 하나 있다. 나이에 비해서 글이 너무 늙은 것이다. 수필을 고도의 지식과 관찰력을 구비한 사람이 방관자적 태도로 쓰는 글이니 또는 "탈세적(脫世的) 방법으로 쓰는 관조(觀照)의 철학"이니 하는 따위의 선배들의 규정을 아무런 반성도 없이 삼켜버린 데서 오는 폐단이 아닌가 한다.

글이 늙었다 함은 이미 번뇌로부터 해탈하고 인생을 달관한 양 점잖은 글을 쓰는 그 태도를 가리킨다. 평소의 언행을 보면 젊은이다운 패기도 있고 욕심도 있는 사람이 수필을 쓰게 되면 갑자기 늙은이 행세를 한다. 수필이라는 것은 그렇게 써야 한다는 고정관념에 사로잡힌 것이다. 아직 해탈의 경지에 이르지도 못했고 또 아직은 해탈을 하지 않는 편이 바람직한 젊은 나이에 마치 해탈하고 달관한 듯한 글을 쓰니 그것이 좋은 수필로서 심금에 울려올 리가 없다.

누누이 말하지만, 수필은 정직한 자화상이라야 한다고 나는 믿는다. 어린이는 어린이다운 글을 써야 하고, 젊은이는 젊은이다운 글을 써야 한다. 반드시 관조해야 할 필요도 없고 반드시 달관해야 할 필요도 없다. 젊음에서 오는 고뇌와 몸부림을 그대로 솔직하게 써서 나쁠 이유가 무엇이랴. 30대쯤에 미리 해탈해 버리면 나머지 인생을 지루해서 어떻게 살겠다는 것이냐.

"수필에서는 속기(俗氣)는 절대 금물이다"라는 주장도 있다. 늙은이나 할 소리다. 젊은이의 경우는 말할 것도 없거니와 늙은이에게도 다소의 속기와 객기(客氣)는 있어도 좋다고 나는 믿는다. 그런 것을 가진 것이 인간이다. 그리고 인간다운 자기의 모습을 사실대로 그리는 것이 수필의 정도(正道)인 줄 안다.

"수필은 40대의 문학"이라는 말도 있었다. 『수필문학』 창간호에서는 "수필은 40대의 문학인가?"라는 설문을 내걸고 특집을 엮기도 했다. 그러나 이 말은 어떤 작가가 일정한 시기에 주관적으로 느낀 바를 수필 작품 속에 그대로 기록한 것에 불과한 것으로 이해해야 할 것이다. 객관성이 문제되는 수필론의 한 구절로 해석될 성질의 것이 아니다. 20대 젊은이에게는 20대의 문학이요, 70대 늙은이에게는 70대의 문학인 것, 이것이 바로 수필다운 수필이다.

"수필은 이런 것이니라!" 하는 선배들의 주장은 다만 참고로 삼으면 족하다. 그것을 금조옥과(金條玉科)처럼 신봉하면 폐단만 크다. 남이 정해 놓은 틀에 맞추어 조심조심 쓰자니 주눅이 들어 붓의 힘이 꺾인다. 늙은이의 취향을 따라서 쓰게 되니 젊어서부터 늙고 시든 글을 뽑는다. 만약 우리나라의 젊은 수필가들이 남의 말에 얽매이지 말고, 자기의 생각을 자기 말로 쓴다면 우리나라의 수필은 머지 않아 새로운 단계로 진입하게 될 것이다.

다만 여기에서도 중용을 잃어서는 안 될 것이다. 허세와 교만 그리고 경솔은 깊이 삼가야 할 것이다.

### 3. 수필동인(隨筆同人)과 그들의 모임

학문의 세계에 독학(獨學)이라는 것이 있고 예술의 세계에도 자수성가하는 사람이 없지 않으나, 오늘날 대부분의 학자들 및 예술가들은 전문적 교육 기관에서 훈련을 받거나 전문가에게 사사한 경력을 가지고 있다. 그러나 수필의 경우는 사정이 다른 것으로 보인다. 대학에 수필가를 양성하는 학과가 별로 없으며, 수필가가 되기 위하여 어떤 전문가의 개인 지도를 받았다는 이야기도 흔히는 들리지 않는다.

'수필가'라는 말이 있기는 하나, '화가', '음악가', '소설가' 또는 '법률가'가 그렇듯이, 어떤 전문적 직업을 가리키는 말은 아니다. 그것은 별다른 직업이 없다는 사실을 나타내는 소극적인 의미를 가진 말로서 쓰이기도 한다. 특별한 전문가가 아닌 것이 수필가이며, 특별히 전문적인 교육을 받지 않고도 쓸 수 있다는 데 수필의 특색이 있다. 이것은 곧 수필이 대중의 벗임을 의미하는 것이기도 하다.

특별한 교육을 받지 않고도 아무나 쓸 수 있다는 사실은 수필을 위하여 좋은 점이라 하겠으나, 바로 이 사실 가운데 수필이 높은 경지에 이르지 못하는 애로가 있다. 무릇 예술이나 학문에 있어서 높은 수준으로 오르는 마지막 계단은 창의성(創意性)이 아니고는 밟을 수 없을 것이다. 그러나 창의성을 발휘하여 마지막 계단을 디딜 수 있기 이전에 밟아야 할 수많은 계단이 있으며, 이 수많은 계단은 아무도 혼자만의 힘으로는 오르지 못한다. 수필의 경우에도 앞서간 사람들이 개척한 길을 배워야 하는 것이며, 그 길을 배우는 과정에서는 남의 도움이 필요하다.

각급 학교에서 배우는 모든 과정이 수필을 위한 기초가 되고, 삶의 도정(道程)에서 겪는 여러 경험이 수필을 위한 토대가 된다. 그러나 그것만으로는 높은 경지의 수필을 위한 충분한 준비가 되기 어렵다. 천재적 소질을 타고난 소수의 경우는 그것만으로도 충분할지 모르나, 보통 사람들을 위해서는 수필 그 자체를 위한 전문적인 연구와 수련(修鍊)이 필요하다. 그리고 이 연구와 수련의 과정에서 남의 도움을 받을 필요가 있는 것이다.

그러나, 대학에 수필 작법을 가르치는 강좌가 개설되어야 한다는 뜻은 아니며, 음악이나 미술의 경우와 같은 개인 지도의 방법을 수필에서도 사용해야 한다고도 생각하지 않는다. 수필의 특수성에 맞는 다른 방법이 있음직한 일이다.

요즈음 새로운 교육 이론으로서 상호교육(相互敎育)의 개념을 강조하는 사람들이 있다고 들었다. 교육자와 피교육자가 각각 따로 있는 것이 아니라 서로 배우고 서로 가르친다는 자세로 자아(自我)의 개발을 꾀해야 한다는 주장이다. '교학상장'(敎學相長)의 사상은 옛날에도 있었으니 반드시 새로운 생각은 아니라 하겠으나, 수필의 연마에 있어서 가장 적합한 교육의 길이 아닐까 한다. 수필에 뜻을 같이 하는 사람들끼리 모여서 서로의 견해와 지혜를 나누며 서로서로 연마하는 기회를 갖는다면 많은 도움을 얻을 수 있을 것으로 보인다.

이미 우리나라에도 여러 수필동인(隨筆同人)들의 모임이 있는 것으로 알고 있다. 서울에는 여러 수필 단체가 결성되어 있고, 지방 각지에도 수필동인들의 모임이 있다고 들었다. 이 여러 모임들이 각각의 형편을 따라서 수필 잡지도 내고 또 간혹 연구회도 열고 있어서 어느 정도의 성과를 거두고 있는 것으로 알고 있다. 그러나 대체로 말해서 아직은 미미한 활동의 단계를 벗어나지 못하고 있는 실정이 아닌가 한다. 욕심 같아서는 좀더 조직적이고 좀더 활발한 운동을 전개할 때라고 생각된다.

한국 수필 전체의 수준을 새로운 차원으로 끌어올리기 위해서는 전국 규모의 단결된 움직임이 필요하지 않을까 하는 생각을 가져본다. 이미 형성되어 있는 여러 모임을 폐합하여 하나로 통일해야 한다고는 생각하지 않는다. 다만 여러 수필 단체들의 특색을 살리면서 그것들이 횡적 유대를 가지고 크게 서로 협동하는 길이 없을까 하는 생각을 갖는 것이다.

1977년 1월에 발족한 '한국수필문학진흥회' 창립의 기본 취지는, 그때까지 다른 단체에서 못했던 일을 해보자는 데 있었던 것으로 알고 있다. 즉, 수필문학 단체들의 전국적 협의회의 구실을 하는 동시에 월간으로 잡지를 발행하여 여러 회원들의 작품도 싣고, 국내외의 고전적 수필들을 소개하기도 하자는 것이 그 주된 목적이었다.

그 당시 이미 창간 5주년을 맞이하고 있었던 월간지『수필문학』의 기반을 살리는 것이 여러 모로 바람직하다는 생각에 많은 수필인들이 찬동하였다. 또 하나의 수필 잡지를 새로이 월간으로 발행한다는 것은 사실상 어려운 일일 뿐 아니라『수필문학』지의 발간 부담을 계속해서 한 개인에게만 지우기보다는 여럿이 힘을 합하는 편이 사리에도 맞는다는 데 의견이 일치했던 것이다. 그리고 나 자신도 그 의견에 찬동을 느꼈던 까닭에 발기인의 한 사람이 되었다.

발기인 명단에 들기는 했으나 그 주동 인물 가운데 하나는 아니었다. 남의 앞장을 서서 무슨 운동을 전개할 수 있을 정도의 능력과 성격을 갖추지 못했을 뿐 아니라, 학자의 아류(亞流)일 뿐 본래 문학가가 못 되는 내 분수를 지키고자 하는 생각이 앞섰던 것이다. 다만 제 2선에 서서 이 단체에 협력해 가며 틈틈이 수필이나 써보자는 정도의 미지근한 열성에 그쳤다.

미지근한 열성밖에 갖지 못했고 또 능력도 별로 없는 사람이 이 모임의 회장 자리를 맡게 된 것은 미리 내다보지 못했던 어떤 상황에 연유한 이변(異變)의 결과라고 생각한다. 그리고, 미리 예정되었던 사람도 아니며 또 능력도 없는 위인이 그 자리에 앉았던 까닭, 그 모임의 창립 취지를 크게 실천에 옮기지 못한 결과를 가져왔다는 사실도 인정해야 할 것이다.

그러나 나는 처음부터 열광적인 주동자로서 임하지 않고 냉정한 참여자로서 가세했던 까닭에, '한국수필문학진흥회'라는 이 모임을 비교적 객관적 견지에서 바라볼 수 있는 마음의 여유를 가질 수 있었다. 그리고 내 눈에 비친 이 모임의 모습을 널리 알리고 싶은 심정을 느낄 때가 종종 있다. 이 모임의 회장으로서 어떤 선전을 하고 싶은 생각이 아니라, 편견 없는 증인으로서 진실을 알리고 싶은 것이다.

그 동안 이 모임이 한 일은 겨우 두 가지 정도에 그친다. 하나는 『수필문학』 잡지를 어려운 여건 속에서 매월 발간한 일이요, 또 하나는 '한국수필문학상'과 '한국수필문학신인상'을 제정하여 원로 대가들과 중견 수필가들에게 수여한 일이다. 잡지의 수준을 크게 올리고 싶은 욕심이 단시일에 채워지지는 않았으나, 몇몇 특지가들의 이해를 초월한 협동으로 중단 없이 계속 발행할 수 있었다는 사실은 오래 기록에 남아야 할 것이다. 두 가지 수필문학상의 수여도 물질적으로는 작은 행사에 지나지 않았으나, 그 뜻은 비교적 크다고 생각한다. 누구의 개인적 욕심이나 친불친(親不親)의 개인적 감정의 영향을 완전히 배제하고, 오로지 중의(衆意)에 바탕한 객관적 기준에 의해 수상자를 결정하고자 최선을 다하여 '깨끗한 상'의 전례를 만들었다는 점에서 그 뜻이 크다고 믿는다.

한국수필문학진흥회가 해야 할 일 가운데 제대로 못하고 있는 일이 많이 있다. 그 가운데서도 가장 큰 것은 수필에 관한 연구회를 제대로 갖지 못하고 있다는 사실이다. 수필에 관한 이론적 탐구와 의견의 교환을 위한 모임이 자주 있어야 할 것이다. 그러한 모임의 필요성을 느끼면서도 실천에 옮기지 못한 근본 사유는 예산의 여유가 없었기 때문이다. 이 모임의 자매기관으로서 '주식회사 수필문학'을 발족시킨 것도 그러한 애로를 타개하기 위한 길을 열자는 동기에서였을 것이다. 앞으로 운영이 잘 되어서 연구회 또는 친목회 등을 구애 없이 자주 열 수 있는 날이 빨리 오기를 고대할 따름이다.

나는 이 모임이 여러 사람들의 아낌없는 협조를 받을 만한 값어치가 있는 모임이라고 믿는다. 파벌이나 당파심을 배제하고 문을 크게 열어 놓고 있는 명랑한 모임이라는 점에서, 그리고 사사로운 욕심을 채우려 하지 않고 서로를 친구로서 위하는 다정한 모임이라는 점에서, 이 모임은 모든 수필 애호가들의 적극적인 호응을 받아도 좋은 훌륭한 모임이라고 믿는 것이다.

『수필문학』, 1980. 2

※후 기 : 수필문학진흥회를 만든 본래의 목적은 월간『수필문학』이 계속 간행될 수 있도록 돈을 마련하는 데 있었다. 이 목적을 위하여 많은 사람들이 협조하였다. 그 당시의 돈으로 수백만 원을 희사한 사람들도 있었고, 10만 원 또는 5만 원을 내놓은 가난한 학자들도 많았다. 나는 이러한 분위기에 감격했고, 기왕이면 이 모임이 연구와 친목도 겸한 모임으로 성장하기를 바라며 이런 글을 썼던 것이다.

그러나 세상 물정을 모른 내 기대는 비현실적임이 곧 드러났다. 다수가 어렵게 내놓은 돈을 맡아서 운영한 사람의 투명성에 문제가 있었고, 수입과 지출을 명백하게 증명하도록 하는 규정을 만들지 않은 회장의 책임은 더욱 컸다. 결국 월간『수필문학』의 출판은 오래지 않아서 막다른 골목으로 몰렸고, 월간 대신 계간(季刊)으로 하자는 대안이 나왔다. 그 대안의 결과로 나온 것이 계간『수필공원』이었다.

## 제 2 장
# 문집(文集)에 오르지 않은 수필

수필에 대한 맑은 사랑 /
농촌과 민족을 향한 순수한 사랑 /
할아버지 세대에서 고손자 세대까지 /
무엇이 새 천년을 새롭게 하는가 /
마음이 편한 길을 따라서 /
어떤 낙서 /
늙는다는 것 /
한 길 사람의 속마음 /
보통학교 다닐 때 있었던 일 /
치과 의원 대기실 /
편가르기 /
머리 좋은 사람 /
작금의 심정 /
수필과 철학 /

## 수필에 대한 맑은 사랑

　말을 앞세움이 마음에 내키지 않아 당분간 침묵을 지키고 싶었다. 그러나, 딴은 겸손으로 뜻한 무언(無言)이 도리어 본의 아닌 무례가 될 수도 있다는 점에 생각이 미쳐 몇 마디 붓을 든다.
　'수필에 대한 사랑'이라는 한 가지 공통점을 유대로 삼고 우리는 여기에 모여 있다. 좋은 글이 읽고 싶어서, 또 가능하면 좋은 글을 한 편 써보고 싶어서 우리는 여기에 이렇게 모였을 뿐이다. 다른 어떤 잡스러운 생각이 끼여들 틈이 없으며, 잡스러운 생각의 끼여듦을 용서하지도 않는다. 비록 평소에는 때묻은 몸과 혼탁한 마음으로 살아갈지라도 수필을 생각하고 수필에 관심을 기울이는 이 자리와 이 시간만은 순수한 본연의 모습으로 돌아가고 싶은 것이 우리들의 소망이다.
　'수필에 대한 사랑'은 한갓 문장에 대한 사랑이 아니며, 재치나 기교에 대한 사랑은 더욱 아니다. 그것은 진실에 대한 사랑이며, 스스로의 한계를 깨달은 인간이 슬픈 운명에 대하여 던지는 미소이다. 그것은 나 자신에 대한 사랑이요, 이웃에 대한 사랑이며, 삶 그 자체에 대한 사랑이다.

  여기 우리 이렇게 모여서 체험(體驗)을 교환하고 진실을 고백하며 삶을 이야기하고자 한다. 누가 감히 여기에 명리(名利)를 논하고 계교(計巧)를 말하는가. 순수하게 수필을 사랑하는 사람들만이 순수하게 수필을 사랑하는 마음을 안다.

  우리는 미리 큰소리 치기를 원치 않으며, 공연한 허세(虛勢)로 남의 이목을 끌고자 하지 않는다. 그것이 결코 수필의 정신이 아님을 믿기 때문이다.

  우리는 낮은 목소리로 조용조용히 착실한 걸음을 걷기로 깊이 다짐한다.

  그러나 목소리를 높이지 아니함이 반드시 꿈의 상실이나 포부의 위축을 의미하지는 않는다. 속으로 은근히 믿는 바 있는 까닭에 구태여 목청을 높여 소리칠 필요가 없다고 판단하는 것이다.

  우리는 수필이 단순한 붓장난이 아니며 한인(閑人)의 여기(餘技)가 아님을 안다. 수필이 문학의 세계에서 당당히 지켜야 할 자리가 있음을 알고 있으며, 소외당한 수필을 그 본래의 위치와 권위로 회복함이 누구의 책임인가도 알고 있다. 그러나 우리는 결코 서두르지 않을 것이다. 필경은 욕심 없는 협동과 성실한 노력이 최선의 길임을 믿기 때문이다.

  그러나, 앞길이 평탄하리라고 안이하게 낙관하는 것은 아니다. 진실로 많은 어려움이 앞을 가로막고 있음을 알고 있다. 굳이 득실을 따진다면 개인을 위해서는 할 일이 못된다는 것도 알고 있다. 공연한 구설수(口舌數)를 자초할지도 모를 밑지는 길임을 모를 정도로 우둔하기란 그리 쉬운 일이 아니다. 그러기에 우리는 처음 이 길에 깊이 관여하기를 주저했던 것이다.

그러나 화살은 이미 시위를 떠나고 말았다. 수필을 사랑하는 정열에 밀려, 싫든 좋든 화살은 이미 시위를 벗어났다. 일단 떠난 화살은 과녁에 꽂힐 때까지 계속 날아야 한다.

1972년 3월 김승우, 김효자 내외분이 월간지『수필문학』을 창간한 지 어언 5주년에 이르렀다. 시간과 물질의 여유가 있어서 그렇게 한 것이 아니라, 오로지 수필에 대한 사랑과 믿음 그리고 집념 하나로 통권 58호를 기록한 것이다. 결코 보통 일이 아니다. 이 초인적인 투지와 정열 그리고 인내에 많은 사람들이 큰 감동을 받았다. 이『수필문학』은 꼭 살려야 하겠다는 생각이 글을 사랑하는 사람들 사이에서 공통의 의지처럼 피어올랐고, 그 같은 일종의 공동 의식이 우리 모임의 동기가 되었음은 널리 알려진 사실이다.

그 동안에『수필문학』지가 쌓아 올린 업적과 그것이 우리 문학사(文學史)에서 가질 의의를 평가함에 있어서 우리는 결코 인색함이 없어야 한다. 그러나 우리는 과거에 만족하는 것이 아니며, 단순히 지난날의『수필문학』지를 위한 연명을 꾀하여 여기에 모인 것이 아니다. 한국의 수필도 이제는 새로운 차원으로 도약해야 하며, 또 능히 그렇게 할 수 있다고 내다본다.

우리는 앞으로 정성을 모아『수필문학』을 키워갈 것이다. 어느 개인의 소유가 아닌 우리들 공동의 광장으로서 사심 없이 열심히 키워갈 것이다. 우리는『수필문학』을 중심으로 모일 것이며, 이 잡지를 통하여 대화할 것이며, 이 잡지를 통하여 사귀고 우정을 나눌 것이다. 그리고 이『수필문학』지의 성장을 통하여 우리들의 자아를 실현할 것이다.

　우리의 모임과 우리의 잡지는 문호를 크게 열고 모든 수필 애호가들의 참여를 환영하고 있다. 우리는 직업을 묻지 않을 것이며 사회적 지위도 묻지 않을 것이다. 우리가 정색하고 묻고 싶은 것은 "당신은 진실로 수필을 사랑하십니까?" 이 하나의 물음이 있을 뿐이다. 만약 수필에 대한 사랑이 진실에 대한 사랑이요, 삶 그 자체에 대한 사랑이라면, 무엇이 부족하여 학력을 묻고 명성을 물을 필요가 있겠는가? 우리는 이미 헛된 이름에 속아 산 지 오래다.

　그러나 우리가 문호를 크게 열어놓고 있음은 많은 숫자를 사랑하기 때문이 아니요 속되고 잡스러운 세력을 형성하자는 뜻이 아니다. 우리는 오직 글을 사랑하는 까닭에 글을 사랑하는 사람들을 사랑할 뿐이다.

　허우적거리며 탁류(濁流) 속에 휩싸인 지 얼마나 오래던가! 탁류는 앞으로도 계속 흐를 것이다. 누가 감히 붓대 하나로 이 도도한 탁류를 막겠노라 장담하는가. 그러나, 일찍 단념하기에는 삶에 대한 우리의 사랑이 너무나 뜨겁다. 맑은 물 솟는 조그만 샘터 하나를 우리 손으로 찾아서 알뜰히 가꾸어 나가는 일은 우리의 힘만으로도 가능할 것이다.

　글을 사랑하고 삶을 사랑하는 우리는 이제 여기 맑은 물 솟는 샘터 하나를 찾아 나선다. 샘터는 곧 발견될 것으로 믿으며, 많은 사람들이 그 주위에 모여 삶의 청담(淸談)을 즐기며 우리의 샘터를 더욱 키워갈 날이 올 것으로 믿는다.

『수필문학』 창간 5주년 기념사, 1976

## 농촌과 민족을 향한 순수한 사랑

　권태응 시인은 나의 외육촌(外六寸) 형이다. 내가 보통학교(지금의 초등학교)를 외가에서 다녔으므로, 우리는 어린 시절 같은 마을에서 살았다. 그는 '푸른 하늘 은하수'와 '학도야 학도야' 등 창가를 나에게 가르쳐주었고, 나는 "형, 형" 하며 그를 졸졸 따라다녔다.
　권태응 형은 충주보통학교가 알아주는 수재였고, 그의 가정은 기와집에 사는 부자였다. 그는 서울에서도 제일가는 제일고등보통학교로 진학하였고, 이 '높은 학교'에서도 처음에는 우등생으로 두각을 나타냈다. 그러나 상급반으로 올라가면서 그의 성적은 뚝 떨어졌고, 가끔 주먹을 휘두르는 문제학생이 되었다. 동급생 가운데 10만석꾼 갑부의 아들들이 있었고, 그들이 돈을 물쓰듯하며 노는 꼴이 보기 싫어서 두들겨 주었다고 하였다. 이때부터 그는 '모범생'의 길을 하직하고 '사상가'의 길로 들어섰던 것으로 안다.
　그 당시에 우리나라 '사상가'들이 고민한 문제는 주로 민족과 빈부(貧富)의 그것이었다. 그리고 일본 관헌의 시각에서 볼 때, 이러한 문제로 조선 사람들이 고민하는 것은 용납할 수 없는 범죄 행위였다. 이 같은 상황에서 권태응 형은 일본 와세다대학의 경제학 전문부로 진학하였고, 그곳에서 경제학도로서의 꽃망울을 터트리기도 전에 '독서회 사건'에 연루되어 1년 간 옥고를 치렀다. 내 기억으로는 도쿄 스가모 형무소에 수감되었고, 그곳에서 무서운 폐결핵에 감염되었다. 형무소에서 나온 뒤에 고향인 충주로 돌아와서 요양 생활로 들어간 권태응 형은 틈틈이 글을 쓰기 시작했다.

그가 본래 쓰고 싶었던 것은 성인(成人)을 위한 시(詩)라고 하였다. 그러나 몸을 생각해서, 비교적 가볍게 쓸 수 있는 동시의 길을 택했다. 그 당시에 나도 일본의 제삼고등학교로 진학한 터라, 권태응 형과 자주 만날 수 있는 형편은 아니었다. 가끔 편지 왕래가 있었고, 내가 방학 때 귀가하면 자주 만날 기회를 가졌다.

내가 동경대학에 들어간 뒤에 학병을 피하여 충주 교외에서 구장(區長) 일을 보고 있을 무렵에는 그의 동시가 꽤 여러 편 모였다. 권태응 형은 그 원고를 나에게 보여주었고, 새 원고가 되면 그때마다 인편으로 보내왔다. 원고를 읽은 나는 그의 집을 찾아가 원고를 돌려주고 이야기를 나누었다. (두 사람의 집은 10리쯤 떨어져 있었다.) 원고로 읽은 것 중에서 가장 인상 깊었던 것은 「감자꽃」과 「오리」였다. 나는 「오리」를 더 좋아했다.

    둥둥 엄마 오리 / 못 물 위에 둥둥
    동동 아기 오리 / 엄마 따라 동동
    풍덩 엄마 오리 / 못 물 속에 풍덩
    퐁당 아기 오리 / 엄마 따라 퐁당

권태응 시인은 음악을 좋아했다. 그는 노래를 즐겨 불렀고 하모니카도 잘 불었다. 그러나 결핵이 심해진 뒤에는 그것이 어려워져서 주로 축음기로 클래식을 들었다. 「오리」는 그의 음악적 감각이 가장 잘 살아 있는 작품이다.

권태응 시인은 정이 많은 사람이었다. 그는 우리 농촌을 사랑했고, 농촌의 자연과 인간 특히 어린이들을 사랑했다. 그는 우리 민족을 사랑했고, 특히 가난한 사람들에 대해서는 죄책감 섞인 사랑을 느꼈다. 권태응 시인의 집은 그의 마을에서 둘째 가는 지주였고, 그는 항상 소작농에 대해서 미안하다는 생각을 가졌던 것으로 보인다.

권태응 시인은 농촌에서 흔히 볼 수 있는 도토리, 감자, 민들레, 까치, 송아지 등을 소재로 삼고, 사랑이 가득한 동시를 지었다. 특히 우리는 그의 「어린 물고기」와 「고추잠자리」 등을 통하여 미물들에 대한 권태응 시인의 사랑을 읽고 사랑을 배운다.

### 어린 물고기

꽁꽁 얼음 밑 어린 고기들
해님도 달님도 한 번 못 보고
겨울 동안 얼마나 갑갑스럴까?
…

### 고추잠자리

혼자서 떠 헤매는 고추잠자리,
어디서 서리 찬 밤잠을 잤느냐?

빨갛게 익어버린 구기자 열매,
한 개만 따먹고서 동무 찾아라.

여름에는 양말도 신도 없이 모든 어린이들이 맨발로 살던 가난한 시절이었다. 강아지와 송아지가 맨발로 살듯이, 사람의 어린이들도 맨발로 살았다. 권태응 시인은 이 가난한 어린이들과 강아지랑 송아지를 '사랑'이라는 유대로 한데 묶었다.

### 맨발 동무

우리 동무 모두 모두 맨발 동무
풀밭에 모래밭에 맨발 동무
손잡고 나란히 맨발 동무
우리 동무 모두 모두 맨발 동무
강아지도 송아지도 맨발 동무
걷고 뛰고 노래하고 맨발 동무

가난한 사람들에 대하여 지주의 손자였던 권태응 시인이 느꼈던 미안한 생각을 노래한 것으로는, 「밥 얻으러 온 사람」과 「틀리는 걱정」을 예로 들 수 있을 것이다.

### 밥 얻으러 온 사람

밥 얻으러 온 사람 / 가엾은 사람
다 같이 우리 동포 / 조선 사람

등에 업힌 그 아기 / 몹시 춥겠네.
뜨순 국에 밥 한술 / 먹고 가시오.

틀리는 걱정

우리 집 할아버진 병환으로,
만난 음식 보시고도 못 잡수니 걱정

이웃집 할아버진 가난해서,
세끼 음식 제대로 못 잡수니 걱정

그밖에도 가난한 사람들의 괴로움을 노래한 작품으로「고개 숙이고 오니까」,「더위 먹겠네」등이 있다. '평등'에 대한 문제의식이 강했던 권태응 시인의 동시 가운데는 남존여비를 꼬집은 것도 있다.

난 싫어

...
언제든지 사내 아긴 모두들 위하고
언제든지 나는 머 찌어린 걸
그런 거 그런 거 난 싫어.

물 길러서 밥을 짓고 길쌈이랑 빨래랑 모든 가사노동을 도맡아 하는 엄마를 동정한「바쁜 엄마」도 같은 맥락의 작품이라고 볼 수 있을 것이다.

권태응 시인은 민족의식이 강한 사상가이기도 했다. 그의 「북쪽 동무들」, 「우리가 어른 되면」, 「언제나 살 수 있나」 등은 모두 그의 민족주의 색채를 드러낸 작품들이다. 그 가운데서 내 인상에 가장 깊이 남은 것은 「책 자랑」이다.

**책 자랑**

할아버지 책 자랑은 어려운 한문책,
그렇지만 그것은 중국의 글이고.

아버지 책 자랑은 두꺼운 일본책,
그렇지만 그것은 일본의 글이고.

언니의 책 자랑은 꼬부랑 영어책,
그렇지만 그것은 서양의 글이고.

우리 우리 책 자랑은 우리나라 한글책,
온 세계에 빛내일 조선의 글이고.

권태응 시인은 1951년에 34세의 젊은 나이로 타계하였다. 전쟁의 와중에서 약을 제대로 못 쓴 것이 애석하다. 다만 그의 시비(詩碑)가 고향인 탄금대(彈琴臺)에 서서 그의 문학을 증언하고 있으니, 적지 않은 위안이다.

『감자꽃』은 윤석중 선생의 주선으로 1948년에 출판된 적이 있었다. 그러나 그것은 권태응 시인의 초기 작품 30편만을 실은 작은 책자에 불과했다. 이제 유고로 남았던 64편을 더 보태어 제대로 모양을 갖춘 동시집 『감자꽃』이 새로운 모습으로 태어났으니, 이는 우리 모두의 기쁨이다. 전쟁과 여러 차례의 이사를 겪으면서도 그 유고를 고이 간직해 온 시인의 친동생 권태윤(權泰允) 씨를 비롯한 가족들과 이 책을 출판한 '창작과 비평사', 그리고 좋은 해설의 글을 써주신 유종호(柳宗鎬) 교수에게 감사한다. 권태응 시인의 외육촌 아우이기보다도 친동생 같은 사랑을 받았고, 나중에는 문우(文友)에 가까운 대접까지 받은 나는 이 새로 탄생한 『감자꽃』을 받아보고 몰래 눈물을 흘렸다. 감격의 눈물이다.

1996

## 할아버지 세대에서 고손자 세대까지

넷째 아드님으로 태어난 우리 아버지는 부모님을 직접 모시지는 않았다. 조부모님이 평소에 사신 큰댁은 우리 집에서 40리 가량 떨어져 있었으나, 할아버지께서는 가끔 지팡이 짚으시고 여러 고개를 넘는 산길을 걸어서 넷째 아드님 댁을 찾아오시곤 하였다. 계산을 해보니, 내 기억에 남은 할아버지는 70대 중반 이후의 고령이셨다.

늙으신 할아버지를 대하는 아버지의 몸가짐은 지극히 효성스러웠다. 옛날 도덕 교과서에 적혀 있듯이 바로 그렇게 하셨다. "자식 삼형제를 두었지만 아비만한 놈은 하나도 없다"고 아버지 스스로 말씀하셨을 때, 나는 전적으로 승복하지는 않았다. 다만 효성에 관해서만은 그 말씀이 옳다는 생각을 그 당시에도 하였고 지금도 하고 있다.

아버지는 어렸을 때 장난이 매우 심했다고 들었다. 우물가나 빨래터에서 처녀들을 괴롭히기도 하고, 심부름 가는 길에 도박판에 끼여들어서 밤을 새우기도 했다는 이야기를 가끔 들었다.

두뇌가 명석했던 아버지를 큰 학자로 키우고자 원하셨던 할아버지는 크게 노하셨고, 기대에 찼던 사랑은 미움으로 바뀌었다. 아버지는 크게 꾸중을 듣고 집을 나갔다는 말도 있고, 그 가출이 독립운동가가 된 출발점이었다는 말도 있으나, 어디까지가 진실이고 어디서부터가 전설인지는 알 길이 없다. 다만 확실한 것은 후일에 상주 지방에서 부자분이 함께 의병(義兵) 항쟁에 가담했다는 사실뿐이다.

아버지가 6년 동안의 감옥살이를 마치고 집으로 돌아오신 것은 1920년 이른봄이었고, 내가 세상 구경을 하게 된 것은 같은 해 11월 중순이었다. 석방되신 뒤에도 '요시찰'이라는 꼬리표가 붙어다녔다. 내 기억에도 아버지가 경찰에 쫓기던 상황이 남아 있고, 다시 체포되어 곤욕을 당하신 아픔도 남아 있다. 그러나 40대 중반을 지나신 뒤에는 아버지의 항일투쟁도 소강 상태로 후퇴한 것이 아닌가 싶다.

어쨌든 아버지는 나에게 항일투사의 길을 계승하라고 등을 떠민 적은 없으며, 할아버지가 아버지에게 원하셨듯이, 내가 '선비'의 길을 걷도록 인도하셨다. 아버지는 나에게 『통감』(通鑑) 대신 『소학』을 가르쳤고, 유교적 기준을 따라서 '착한 어린이'가 되기를 희망하셨다.

할아버지의 유교적 도덕 교육을 노골적으로 거부한 아버지의 기백이 나에게는 없었다. 나는 나 자신의 색깔을 갖추기 이전에 이미 '착하다'는 칭찬에 익숙하게 되었고, 꼼짝없이 온순하고 말 잘 듣는 어린이로 자라고 있었다. 그것과 직접적 관계는 없었겠지만, 체격까지 길고 가늘어서 내가 보기에도 계집아이 같았다.

이러한 나 자신이 싫어지기 시작한 것이 언제부터였던지 분명한 기억은 없다. 어쨌든 중학생 시절에는 나 자신으로부터 탈출하고 싶은 충동을 간절하게 느꼈고, 그것이 뜻대로 되지 않아서 고민이었다.

당시의 5년제 중학교를 마친 뒤에 지금으로 말하자면 대학 교양학부에 가까운 일본의 고등학교로 진학하였다. 일본의 다른 고등학교들도 대체로 그러했지만, 내가 들어간 고등학교는 특히 자유분방한 교풍을 자랑으로 삼고 있었다. 기존의 상식과 권위를 깡그리 무시해야 '말이 통하는 친구'로서 인정받을 수 있었고, 겉모습부터 '야만풍'(野蠻風)이 아니면 행세하기 어려웠다.

그곳에는 나의 '착한 어린이' 시절을 아는 사람은 아무도 없었다. 나는 특별한 용기를 발휘하지 않고도 그 폐의파모(敝衣破帽) 야만풍의 선두 그룹에 당당히 끼일 수 있었고, 2학년에 진급할 무렵에는 껄렁패로서의 관록이 붙기 시작했다. 이를테면 나 자신으로부터의 탈출에 성공한 셈이다.

이러한 겉모습의 변화는 나의 의식(意識) 내면에도 영향을 주었고, 옛것을 고집하시는 아버지에 대한 비판으로 이어졌다. 마음속으로 비판한 데 그치지 않고, 지동설(地動說)과 진화론(進化論)을 모르시는 아버지와 맞서서 논쟁을 벌이기도 하였다. 권위에 도전을 받고 당황하실 아버지의 허탈한 심정을 헤아릴 마음의 여유는 젊은 자식에게 없었다. 노쇠하신 뒤의 할아버지를 무조건 극진하게 모신 아버지를 따르지 못했으니, 불초자가 된 것이요, 결국 불효자가 된 것이다.

아버지가 생존하셨을 때는 내가 아버지를 능가했다는 자만심이 앞섰다. 그러나 이제 돌이켜보니, 내가 아버지를 따라가지 못한 것이 한두 가지가 아니다. 아버지는 한문에 능통하셨고, 사서(四書)와 삼경(三經)뿐 아니라 한의학에도 상당한 지식을 가지고 계셨다. 아버지의 도량과 호연지기를 나는 흉내내지 못한다. 아버지를 과소평가했던 까닭에, 나는 그분으로부터 물려받을 수 있는 것을 많이 놓치고 말았다. 뒤늦게 깨달은 뉘우침이니, 이제는 돌이킬 길이 없다.

자식 노릇 제대로 못한 뉘우침은 아비 노릇 제대로 못한 뉘우침으로 이어진다. 아버지의 훈계를 잔소리쯤으로 받아들인 나는 자식들에게 "너희들이 알아서 하라"는 태도를 주로 취했다. 그러나 그것이 언제나 반드시 옳은 태도는 아니었다. 간섭은 줄이더라도 조언은 아끼지 말았어야 하는데, 나는 그것조차 최소한으로 줄였다. 딸자식들과는 대화조차 별로 하지 않았고, 아이들이 어렸을 적에 함께 놀아준 기억도 별로 없다. 애정도 겉으로 표시해야 전달이 되는 현대의 아버지로서는 낙제점을 자초한 셈이다.

할아버지께서 돌아가신 지 67년이 지났고, 아버지가 돌아가신 지는 48년이 지났다. 연수로 따지면 그리 오래된 것은 아닌데 세상은 크게 달라졌다. 특히 놀라울 정도로 많이 달라진 것은 청소년들의 모습이 아닐까 한다. 오늘의 젊은 부모들이 그들의 자식을 키우고 가르치는 방식도 옛날과는 아주 다르다. 만약에 영혼이 불멸하여 할아버지와 아버지가 오늘의 젊은이들이 사는 모습을 내려다보신다면, 무슨 말씀을 하실까?

젊은 세대에 대한 이해가 부족하다고 아버지를 비판한 나 자신,

요즈음 젊은이들의 태도와 취향에 대하여 못마땅함을 느낄 때가 많다. 그럴 때는 나의 젊은이 시절을 돌이켜보아야 한다고 가끔 생각한다. 그러나 생각에 그칠 뿐 실제로 차분하게 돌이켜볼 때는 많지 않다.

1999

## 무엇이 새 천년을 새롭게 하는가

 새 천년의 해돋이 관광을 위하여 많은 사람들이 동해로 또는 남해로 여행할 채비를 하느라 분주하다는 보도를 들었을 때, 나는 어린 시절을 생각했다. 정월 대보름날 쟁반같이 떠오르는 달을 향하여 깊숙이 절을 하면서, 나는 그 달이 다른 보름달과는 딴판 다른 영험한 존재라고 믿었다. 이제 새 천년의 해돋이를 보기 위하여 앞을 다투는 어른들도 그날의 해돋이가 다른 날의 그것과는 전혀 다른 천체 현상이라고 굳게 믿는 것일까.
 지난 12월 31일 밤 8시경에 나는 평소와 같이 TV 앞에 앉았다. 그 시각은 노처(老妻)와 함께 유치한 드라마를 보며 바보 같은 표정으로 쉬는 시간이다. 그러나 그날 그 시각에는 드라마는 꼴도 보이지 않고, 새 천년을 눈앞에 둔 축하행사에 관한 화면으로 떠들썩하고 있었다. 세계가 온통 축제 한마당이라며 말꾼들이 흥분을 주체하지 못한다.
 도대체 그 경사스러운 일의 실체가 무엇인지는 아무도 말하지 않았다. 세계 평화의 새로운 지평이 열린 것도 아니며, 남북을 분단한 장막이 무너진 것도 아니다. 천체(天體)에 상서로운 현상이 나타난 것은 더욱 아니다. 수학의 논리를 무시하고 새 천년 또는 21세기를 1년 앞당기도록 유도한 어떤 '선진국'의 구령(口令)에 반기를 들 만한 언론이 별로 없었다는 것밖에는 아무 일도 생기지 않았다. 그런데도 당장 좋은 세상이 시작되기라도 하는 것처럼 서로 축하한다며 법석을 떤다.

영문도 모르고 세계가 춤을 추도록 흥을 돋구는 북장단의 근원이 무엇일까 하고 생각해 보았다. 이미 옛날에 대동강 물 팔아먹은 봉이 김선달 뺨치는 요즈음 장사꾼들에 대한 의심이 머리를 스쳐갔다. 땅에 떨어진 인기의 만회를 노린 노회한 정치인들이 눈에 보이지 않는 북을 둥둥 치는 것이 아닐까 하는 의심도 들었다.

그러나 남이 치는 북장단에 춤을 추는 것이 아니라, 각자가 답답한 가슴을 춤이라도 추어서 달래고 싶은 심정이 이심전심 모여서 저렇게 법석을 떠는 것일지도 모른다는 생각이 고개를 들었다. 그렇다면 나만 이방인(異邦人)이 되어서 이 세기의 축제를 대열 밖에서 바라보고 있는 것일까? 어쩌면 나도 대열에 뛰어들어 미친 듯이 춤을 추고 싶은지도 모른다. 그러나 TV 화면이 보여주는 축제의 모습은 경박스럽게만 느껴져 동참하고 싶지 않았다. TV도 전등도 모두 끄고 일찍 잠자리에 들었다.

잠이 깨었다. 화장실 때문도 아니고 꿈 때문도 아니며 전화벨이 울린 것도 아니다. 시계를 보니 밤 열두 시. '새 천년'에 대한 나의 무의식(無意識)이 잠을 깨운 것일까? 그러나 다시 TV를 틀어서 '새 천년' 축하행사의 표정을 봐두고 싶은 생각은 없었다. 차라리 하늘이 보고 싶었다.

두툼하게 차려 입고 밖으로 나갔다. 주택단지 넓은 뜰에는 아무도 보이지 않았고, 사방은 내 고향 산마을의 밤처럼 고요했다. 고개를 젖히고 하늘을 우러러보았다. 구름 때문일까, 어릴 적에 자주 보던 북두칠성은 보이지 않고 오직 큰 별 하나 있어 아득한 높이에서 내려다보고 있었다. 어린이라면 "저 별은 나의 별" 하고 소리쳤을 것이다. 그러나 내 나이 이제 80고개를 넘어섰다는 사실이 엄연하다.

새 천년을 새롭게 하는 것은 저 별이 아닐 것이다. 그것은 해도 아니고 달도 아니다. 우주에는 눈금이 없고 시간과 공간에는 시작도 없고 끝도 없다. 시작도 없고 끝도 없는 시간에 백년 또는 천년 단위에 표를 붙이고 '센추리'(century)니 '밀레니엄'(millennium)이니 하는 구획을 그은 것은 십진법을 사용하고 기독교를 믿은 서양 사람들이다. 그리고 지금 우리는 그 서양 문화에 동화되고 있다.

'새 천년' 또는 '신세기'(新世紀)라는 이름표도 세상을 새롭게 바꾸지는 않을 것이다. 오직 이 '새' 또는 '신'(新) 자가 붙은 이름표를 내세우고 사람들이 새로운 마음가짐으로 사람과 자연을 대접할 때 새로운 시대의 문이 열리기 시작할 것이다. 우리가 욕심으로 찌든 마음의 묵은 때를 벗겨내고 크게 열린 심안(心眼)으로 세상을 바라볼 때 진정한 새 천년의 새 햇살이 퍼지기 시작할 것이다.

지난 20세기는 풍요와 갈등이 뒤엉킨 시대였다. 그것은 몸은 편하나 마음은 불편한 세월이었다. 생각 있는 사람들은 이러한 세상에 불안을 느끼게 되었고, 하루 빨리 새로운 시대가 오기를 고대하게 되었다. 어쩌면 이 초조한 심정이 '새 천년'을 한 해 앞당기도록 작용한 보이지 않는 손이었는지도 모른다.

　이제 축제 한마당의 막이 내려졌고 화려한 말잔치도 파장을 재촉한다. 우리 모두 무지갯빛 꿈보다도 냉엄한 현실로 돌아와서, 밝은 내일을 향하여 착실한 발걸음을 내딛을 시점이다.

『계간수필』, 2000 봄호

## 마음이 편한 길을 따라서

　1962년에 서울대학교의 전임 자리를 얻었을 때, 나에게도 연구실이 배정되었다. 박종홍 선생께서 대학원장으로 가신 뒤에 비워 두었던 방을 차지하게 된 것이다. 말끔히 청소를 하고 싶었지만 혼자서는 엄두가 나지 않아 아내에게 상의했더니 부엌일 돕는 아가씨를 데리고 가서 시키면 된다고 간단하게 해결책을 제시했다. 당시에는 가난한 사람들이 많아서 대학 교수들 집에서도 대개 일 돕는 사람을 두곤 했었다.
　그렇지만 같은 또래의 여대생들이 왔다갔다하는 자리에 일하는 아가씨를 데리고 가서 청소를 시킨다는 것이 좀 잔인하다는 생각이 들었다. 생각 끝에 내가 직접 하기로 마음을 먹었다. 비로 쓸고 물걸레로 닦기만 하면 되는 일이니, 크게 어려울 것도 없다고 생각하며 팔을 걷어붙였다. 그런데 연구실이 있는 이층에는 수돗물이 나오는 곳이 없어서 그 점이 좀 어려웠다. 물이 담긴 양동이를 들고 계단을 오르내려야 했기 때문이다.
　물이 들어 있는 양동이를 들고 끙끙대며 계단을 올라가고 있었을 때, 남학생 하나가 달려와서 내 양동이를 빼앗으며 말했다.
"교수님, 체통을 생각하셔야 합니다."
군에서 제대하고 복학한 지 오래 안 되는 철학과 학생이었다. 그는 군대에서 장교가 제 손으로 구두를 닦으면 졸병들 눈에 못난 사람으로 보인다며, 교수는 교수로서의 위신을 지키라고 신신당부했다.

대학원 학생과장 일을 맡은 적이 있었다. 사무직원이 제법 큰 테이블과 회전의자를 가리키며 그것이 내 자리라고 하였다. 빼빼마른 체격이 그 자리에 앉아서 무엇을 어떻게 하라는 것인지, 공연히 마음이 불편했다. 말끝마다 '과장님', '과장님' 하는 호칭도 듣기에 쑥스러웠다.

1970년대 후반에 한국정신문화연구원 설립 준비위원장의 직책을 맡았을 때는 내 처지가 더욱 어색했다. 그 자리가 '장관대우'를 받게 되었다며, 이번에는 정말 큰 테이블과 호화로운 회전의자에 앉으라고 밀어붙이는 것이었다. 나를 더욱 불편하게 한 것은 운전기사가 딸린 고급 승용차였다. 그 차를 타고 가다가 서울대학교 교수들의 통근버스와 마주칠 때는 내가 무슨 죄라도 지은 것처럼 목이 움츠려지곤 했다.

'장관대우'에게 비서실은 필수적이었다. 큼지막한 부속실에 젊은이 두 사람이 늘 대기하고 있었지만, 내가 그들에게 시킬 일은 별로 없었다. 가끔 찾아오는 손님에게 차를 내는 일과 전화를 연결하는 일이 고작이다. 밖에서 걸려오는 전화는 비서를 통하도록 장치가 되어 있었지만, 내가 전화를 걸 경우에는 내 손으로 직접 하는 편이 도리어 편할 경우가 많았다. 내 시간도 절약되고 상대편에게도 덜 미안할 것 같아서 내 손가락으로 직접 전화번호를 누르곤 했다.

비행기에서 식사를 대접할 때는 대개 보자기처럼 큼지막한 종이 냅킨을 준다. 식당에서도 그 비슷한 것을 주는 곳이 있다. 식사가 끝나면 그것으로 입가를 슬쩍 닦은 다음에 척척 접어서 식탁 위에 품위 있게 놓아두는 것이 상식이다. 그러나 나는 그저 버리기에는 너무 아까워서 차곡차곡 접어서 호주머니에 넣는다. 콧물이 나올 때 나누어서 휴지 대용으로 쓰기 위해서이다. 화장실에서도 손의 물을 닦기 위한 일회용 종이 수건을 버리지 않고 호주머니에 저장한다. 궁상맞은 짓인 줄 알지만 버릇이니 도리가 없다.

그 궁상맞은 버릇의 덕을 톡톡히 본 적이 있었다. 중국 계림(桂林)에서 일행이 유람선 타는 곳에 도착했을 때, 승선(乘船)까지에 30분 가량의 시간 여유가 있었다. 크고 작은 용변을 동시에 해결할 심산으로 화장실을 찾았다. 화장실은 깨끗한 수세식이었지만, 용변 후에 살펴보니 아무 곳에도 휴지가 없었다. 그 당황스러운 순간에 생각난 것이 비행기에서 아껴두었던 종이 냅킨이었다.

기념식이니 시상식이니 하는 행사에 참석해 보면 대개 단상과 단하의 구별이 있다. 단상은 이를테면 소수의 높은 사람들을 위한 자리이다. 나는 대개 단하에 앉게 되는데 마음이 편안해서 좋다. 그러나 어쩌다 단상으로 올라가야 할 경우도 있다. 왼쪽 가슴에 꽃송이까지 달고 올라가라고 한다. 나에게는 그 상황이 어색하고 그 시간이 지루하기만 하다.

내가 못난 사람이라는 것을 말해 주는 이야기는 그밖에도 얼마든지 있다. 그러나 나는 내가 못났다는 사실에 대해서 별다른 불만이 없다. 잘난 사람은 그 잘났음을 지키기 위하여 항상 신경을 써야 하지만, 나에게는 그런 부담이 없어서 도리어 마음이 편안한 것이다.

『계간수필』, 2001 봄호

## 어떤 낙서

　나는 20세 초반에 자유분방한 교풍을 자랑하는 학교에 다닌 적이 있다. 교수가 강의를 위하여 교실에 들어왔을 때, 학생들이 피우던 담뱃불을 서둘러 끄지 않고 유유히 연기를 뿜어도 교수는 못 본 척하고 강의를 시작하는 제멋대로의 학교.
　교실과 기숙사의 벽에는 낙서가 가득히 들어차서 신입생을 위한 빈자리가 별로 없을 정도였다. 그 낙서의 내용을 정확하게 기억하지는 못하나, '청춘', '자유', '진리', '꿈과 사랑', '전쟁과 평화' 따위가 많았을 것이다. 화장실 벽에도 낙서가 있었으나, 외설스러운 그림이나 글씨는 보이지 않았다. 낙서에도 품위가 중요하다고 믿었던 것일까?
　지금도 기억에 정확하게 남아 있는 낙서가 있다. 어느 화장실에서 시선을 끈 "사랑이 없으면 어찌하리!"에 나는 막연한 공감을 느꼈던 것이다. "그렇지, 이 세상에 사랑이 없다면 인생은 오아시스 없는 사막과 같겠지." 나는 이렇게 생각하면서 그 낙서의 주인공에 대하여 엷은 미소를 머금었다.

며칠 지난 뒤에 또다시 그 화장실에 들렀을 때, 나는 또 하나의 낙서가 먼젓번 것 가까이 추가된 것을 보았다. "사랑이 **없음**을 어찌하리!" 이 세상에 참된 사랑은 사실상 없다는 비관론이다. 실연의 쓰라림을 체험한 청년의 필적일까? 아니면 인간의 이기심(利己心)에 환멸을 느낀 사람의 체념일까?

나는 세 번째로 그 화장실에 들어갔다. 나 자신이 제 3의 낙서를 추가하기 위하여 마음먹고 들어간 것이다. "사랑은 **있다. 주라!**" 이 짧은 말을 되뇌면서 나는 화장실 문을 열었다. 그러나 내가 별렀던 그 말은 이미 낙서가 되어 빈자리를 차지하고 있었다. 한 발 늦은 것이다. 나는 다만 '주라!' 앞에 '아낌없이'라는 수식어 한 마디를 끼워놓고 돌아섰다.

"사랑은 있다. 주라!"

나 자신의 낙서 문구로 삼으려 했던 이 말의 뜻을 나는 제대로 알고 있었던 것일까? 사랑을 받기만 원하는 사람에게는 그것은 없는 것처럼 보이겠지만, 주고자 하는 뜻을 가진 사람에게는 그것은 분명히 있다는 생각. 그 생각이 과연 옳은 것일까? 비록 사랑하고자 하는 의지가 있다 하더라도 그 정(情)이 따라주지 않으면 헛된 의지만 남을 수도 있음직하다. 그러나 어쩌면 '사랑'의 정은 모든 가슴속에 본래 있을 것 같기도 하여 지금도 알쏭달쏭한데, 20세를 갓 넘은 내가 그때 무엇을 알았을까? 한 가지 분명한 것은 "사랑을 아낌없이 주라"는 내가 좋아했던 말을 나는 실천에 옮기지 못하고 오랫동안 살아왔다는 사실이다.

'사랑'에도 여러 가지가 있다 남녀간의 열정도 사랑이고, 자녀에 대한 부모의 정도 사랑이며, 인간 전체에 대한 동병상련(同病

相憐)도 일종의 사랑이다. 화장실 벽에 쓰여진 '사랑'이 어떤 종류의 사랑이었던지 확실히는 알 수 없다. 다만 낙서한 사람들이 젊은이였으므로 남녀간의 연정을 가리킨 것이 아닐까 하는 추측이 앞선다. 그 학교 다른 벽 위에 '연애지상주의'라는 굵은 낙서가 있었다는 사실이 생각난다.

낙서와 잡담에는 '사랑'이라는 단어가 자주 등장했으나, 실제로 연애에 몰두하는 학생들은 적었다. 남녀가 어울릴 기회가 적었던 시대의 영향도 있었겠지만, 남녀 문제에 대하여 매우 집착하는 젊은이들을 '연파'(軟派)라고 부르며 별로 좋지 않게 여기던 당시의 가치 풍토가 더 크게 작용했을 것이다. 세상에 남자로 태어나서 크게 해야 할 일이 있다는 막연한 생각으로 들떠 있었고, 여자로 인하여 정열을 불태우는 것은 '큰 일'을 할 사람의 정도(正道)가 아니라는 당시의 상식에 나도 묶여 있었다.

나 개인으로서는 연애의 길에 빠져들기 어려운 또 하나의 사유가 있었다. 청소년기의 나는, 유교적 가정교육의 영향 때문이었을까, 연애라는 것은 결혼을 위한 준비 과정으로서만 정당성을 갖는다는 믿음에 사로잡혀 있었던 것이다. 당시의 5년제 중학교를 마치고 나는 바로 일본으로 건너가서 그곳의 고등학교와 대학에 진학했으니, 조선인 결혼 상대를 만날 기회는 거의 없었고, 일본인과의 결혼 가능성을 생각할 처지도 아니었다.

결과적으로 인생의 황금기를 무미건조하게 보냈다는 아쉬움이 남게 되었다. 그러나 그것이 나를 위해서 도리어 다행이었다는 해석도 가능하다. 먼 곳에 떼어놓고 바라본 여러 여인들은 신비에

싸인 아름다움의 화신이었고, 여성의 실존을 우러러보는 자세로 상상한 기간이 길었다는 것은 역시 다행한 경험이 아니었을까 하는 생각이 든다.

『계간수필』, 2001 가을호

## 늙는다는 것

   나이가 많다는 것은 요절(夭折)의 불행을 면했다는 뜻을 함축한다. 요절이 왜 불행이냐고 따질 수도 있겠지만, 꽃도 피기 전에 봉오리 상태에서 떨어졌다면 역시 아쉽고 슬픈 일이다.
   요절이 불행이라면 장수(長壽)는 자동적으로 축복에 해당한다고 말해야 하는가? 젊어서 한때 올곧게 산다고 칭송받던 사람이 늙어가면서 추태를 보이는 예도 적지 않으니, 함부로 말하기 어렵다. 사람은 30세를 넘기기 전에 죽는 것이 바람직하다고 말한 괴테에 대하여 공감 비슷한 감동을 느낀 것은 내 나이 20대 초반에 이르렀을 때였다. 그러나 나 자신이 30세 이전에 죽었으면 하고 바라지는 않았다.
   "개똥밭에 굴러도 이승이 좋다"는 속담을 남긴 우리 조상들은 산다는 것 자체를 축복이라고 느낀 낙천(樂天)의 기질을 가지고 있었다. 그러기에 그 후손들까지 거지의 노래 '장타령'을 부르면서도 덩실덩실 춤을 추지 않는가.
   슈바이처가 역설했듯이 모든 생명이 경외(敬畏)롭고 귀중하다면, 산다는 것 자체가 축복임에 틀림이 없으며, 되도록 오래 사는 것이 바람직하다는 결론이 힘을 얻는다. 그러나 하나의 생명이 유지되기 위해서는 반드시 다른 생명을 먹어야 하는 약육강식의 먹이사슬을 생각할 때, 장수 그 자체가 축복이라는 주장은 곧 논리의 막다른 골목에 부딪친다.

생명의 단순한 연장 그 자체보다도 삶의 과정에서 무엇인가 뜻있는 일을 하는 것이 더욱 중요하다는 별로 새로울 것도 없는 주장이 그래도 가슴을 적신다. 한 사람의 삶의 가치는 그가 몸담은 사회를 위하여 얼마나 이바지했는가에 따라서 결정된다고 말한 흔해빠진 거리의 철학자에게 고개를 끄덕이는 요즈음.

삶의 현장은 치열한 생존경쟁의 수라장이다. 살 만큼 산 늙은이들이 죽지 않고 남아서 여기저기 돌아다니는 이른바 '고령화 사회'를 오늘의 젊은이들은 어떤 시선으로 바라보고 있을까? 지하철 열차 안에 마련된 '노약자 보호석'을 바라보는 늙은이의 마음은 은근히 착잡하다. 늙은이들은 자신들에게도 젊었던 날이 있었다는 사실을 기억하는 까닭에 오늘이 서글프고, 젊은이들은 그들에게도 늙은 날이 곧 찾아온다는 사실을 실감하지 않는 까닭에 오늘이 즐겁다.

늙은 동창생들이 모이면 젊어서 화려했던 시절을 이야기하며 즐거운 한때를 보낸다. 그러나 그 한때뿐이고 헤어지면 다시 적막한 시간이 다가온다. 이미 지나간 옛날의 기억에 연연하기보다는 오늘과 내일을 위하여 뜻있는 삶을 구상하는 편이 슬기롭다. 슬기로운 사람은 어려운 상황에서도 뜻있는 삶의 좁은 길을 찾아낸다.

"노오라 젊어서 노오라아, 늙어어지이면은 못 노오나아니…."

이 노랫말에 담긴 인생관에 공감을 느꼈던지, 우리 조상들은 이 노랫가락을 즐겨 불렀다. 그러나 놀이는 결코 젊은이들만의 독점물이 아니며, 슬기로운 사람들은 늙은 뒤에도 놀이의 즐거움을 가질 수 있다. '늙어지면 못 논다'는 초조한 마음으로 놀이에 지나치게 열중하면, 놀이에 지쳐서 도리어 괴로움이 따른다. 놀이의 본질은 즐거운 마음으로 시간을 보냄에 있으며, 즐기면서 하면 일 가운데도 놀이가 있다.

태백산에 오른 적이 있다. 늙은 주목(朱木)의 군락(群落)을 가리키며 안내자는 "살아서 천년, 죽어서도 천년"이라고 자랑하였다. 늙을수록 더욱 멋있어 보이는 것은 주목만이 아니다. 마을 어귀의 거대한 느티나무도 그렇고, 바닷가의 삭풍(朔風)을 이기고 살아남은 노송도 그러하다. 현대 사회에도 거목(巨木)을 닮은 인물이 존재하는가? 우리는 왜 이리 왜소(矮小)의 길에서 옥신각신 하는가?

옛날 어느 절의 고승이 자신의 임종을 예언했을 때, 많은 제자와 신도들이 머리맡에 모여 앉았다. 아무도 울지 않았다. 떠나는 사람의 얼굴이 너무나 평안해 보였기 때문이다. 우리 조상들은 고종명(考終命)을 오복의 하나로 꼽았다.

『계간수필』, 2002 봄호

## 한 길 사람의 속마음

　동서남북을 헤아리는 방향 감각이 그믐밤처럼 어두우니, 길눈에 관해서는 당연히 천치(天痴)일 수밖에 없다. 단독주택에서 아파트 단지로 이사했을 때, 그 집이 그 집 같아서, 남의 집 현관문 열쇠 구멍에 우리 집 쇳대를 넣으려고 시도하다 깜짝 놀라서 달아난 전과가 있을 정도이다.
　나의 딱한 처지를 잘 아는 친구들은 듣기 좋은 말로 위로한다. "조물주는 공평무사한 존재여서 한 가지 일에 관하여 극도로 무능한 사람에게는 다른 일에 대한 능력을 후하게 배정함으로써 균형을 얻도록 한다"는 것이 그 위로하는 말의 요지이다. 그저 듣기 좋으라고 지껄이는 헛소리라기보다는 분명히 일리가 있는 말로 다가온다. 나에게도 남보다 뛰어난 능력이 적어도 한 가지는 있을 것이라는 믿음 비슷한 것이 생긴다.
　내가 가진 남보다 뛰어난 능력이란 도대체 무엇일까? 이리저리 생각한 결과로 얻은 대답은 "사람의 속을 들여다보는 능력이 보통은 넘는다"로 요약된다. 눈가림과 거짓말을 몹시 미워한 어머니가 "내 눈은 못 속인다"는 말씀을 힘주어 하시는 것을 들은 기억이 지금도 생생하다. 어쩌면 나는 '남의 속을 들여다보는 능력'을 어머니로부터 물려받았을지도 모른다는 추측을 하게 되었고, 추측은 믿음으로 굳어졌던 것이다.

그러나 나뿐 아니라 대다수의 사람들이 남의 속을 들여다보는 탁월한 능력을 가졌다고 믿는 것이 아닐까 하는 생각이 든다. "내 눈은 못 속인다"고 입 밖으로 소리내어 말하지 않더라도 속으로는 대개 그렇게 생각하는 듯한 기색이다.

연기력이 남달라서 속마음을 감쪽같이 숨기는 데 성공하는 사람도 없지 않으나, 살피는 시선으로 경계하는 사람을 속인다는 것은 대체로 어려운 일이다. 뒤집어서 말하면, 욕심이나 감정이 앞서서 냉정함을 잃지 않는 한, 남의 언행을 관찰하고 그의 내심을 헤아리는 것은 특별히 어려운 일은 아니다. 요컨대, 사람의 언행을 살펴보고 그의 속마음을 짐작하는 것은 누구에게나 있는 일반적 능력인데, 많은 사람들이 그 능력에 있어서 남보다 탁월하다는 착각을 품고 살아간다. 나 역시 그런 착각에서 위안을 찾는 어리석은 사람에 불과하지 않을까 하는 생각을 금할 수 없다.

"겉볼 안이라"고 하는 속담까지 있기는 하지만, 사람의 겉모습과 그의 언행(言行)을 잘 관찰하면 그 사람의 속마음을 알 수 있다는 주장에도 실은 의심의 여지가 있다. 여러 해 동안 가까이서 지켜보고 '하늘이 무너져도 변심하지 않을 진국'인 줄 믿었던 사람이 어느 날 갑자기 딴 사람이 되어 다가오는 것을 체험한 사람들은 지금 내가 말하는 그 '의심'에 공감할 것이다. 여기서 우리는 "열 길 물 속은 알아도 한 길 사람 속은 모른다"는 속담을 떠올린다.

"열 길 물 속은 알아도 한 길 사람 속은 모른다"와 "겉볼 안이라"는 두 속담은 서로 반대되는 주장을 하고 있는 것 같기도 하나, 실은 그것이 아니다. 저 두 속담은 인심(人心)의 서로 다른 두 측면에 대하여 각각 다른 말을 하고 있을 뿐이다. "한 길 사람 속은 모른다"는 말은 인심 전체를 두고 그 변화하는 측면에 초점을 맞춘 속담이요, "겉볼 안이라"는 말은 한 사람이 일정한 시점(時点)에서 갖는 마음의 단면(斷面)에 초점을 맞춘 속담이다.

'일정불변한 마음'을 의미하는 '항심'(恒心)이라는 한자어가 있기는 하나, 사람의 마음은 그가 놓인 상황을 따라서 다양하게 변화한다. 과연 '마음'이라는 실체(實體)가 존재하는지 의심스러울 정도로, 사람의 심리는 그가 받는 자극 여하에 따라서 여러 가지 모습으로 작용한다. "집에서 새는 바가지는 들에 나가도 샌다"는 속담은 흠이 있는 사람을 평가할 때 흔히 쓰는 말이지만, 바가지와 사람은 다르다.

애인이 "나 정말 당신을 사랑해요" 하며 눈물을 글썽일 때, 특별한 경우가 아니면, 그 말은 그 순간의 진심을 전하는 것으로 보아도 무방할 것이다. 그러나 그 사랑하는 마음이 얼마나 오래 지속할지는 말한 그 사람도 장담하기 어렵다.

"마음이 변했다"는 말을 우리는 흔히 좋지 않은 뜻으로 쓴다. 한자어 '변심'(變心)이라는 말을 좋은 뜻으로 사용할 경우는 거의 없다. 하지만 실은 마음이 좋은 쪽으로 변하는 경우도 아주 없지는 않다. 주색과 잡기 등으로 인생을 낭비하던 젊은이가 마음을 고쳐먹고 성실한 사람으로 변하는 경우도 사실은 '마음이 변한 것'이다. 다만 마음이 좋게 변하는 경우는 드물고 대개는 나쁘게 변하는 것이 우리들의 현실이므로, "마음이 변했다"는 말의 쓰임이 나쁜 쪽으로 기운 것이 아닐까 한다. 발효(醱酵)나 숙성(熟成)의 경우가 그렇듯이, 맛이 좋게 변하는 경우도 더러 있지만, 대개 나쁘게 변하므로, "맛이 변했다" 또는 "맛이 갔다"는 말이 나쁜 뜻으로 쓰이는 것과 비슷한 논리라고 생각된다.

상황이 크게 변하면 마음도 따라서 크게 변할 수 있다는 사실. 인정하고 싶지 않아도 인정해야 하는 이 사실로 인하여, 삶의 길에는 암흑 같은 절망과 반딧불 같은 희망이 교차하고, 천만 길 바다 속 같은 고독과 이른 아침 참새 소리 같은 위안이 공존한다.

『계간수필』, 2002 가을호

## 보통학교 다닐 때 있었던 일

충주에 있던 유일한 보통학교(지금의 초등학교)에 입학한 것은 내 나이 열 살 때였다. 탄금대(彈琴臺)에서 가까운 외가에 신세를 지면서 왕복 20리 길을 걸어서 학교에 다녔다. 굵은 자갈이 깔린 신작로를 고무신 신고 걸었다.

등교와 하교길 중간 지점에 봉방교(鳳方橋)라는 다리가 있었다. 넓이는 3-4미터쯤 되고, 길이는 20미터 남짓한 작은 다리였다. 높이는 3미터쯤 되었을까. 다리에 난간은 없었다.

초겨울로 기억되는 어느 날 하교길에 그 다리까지 왔을 때, 아주 엉뚱한 생각이 머리를 스쳤다. "내가 눈을 감고 이 다리를 끝까지 건너가면 나는 장차 큰 인물이 될 것이고, 중간에 겁을 먹고 눈을 뜨거나 다리 밑으로 떨어지면 보잘것없는 사람이 되고 말 것이다."

내 운명에 대하여 모종의 믿음을 가졌던 나는 눈을 감고 앞을 향하여 용감하게 걸었다. 한참 걸어갔을 때 '아찔한' 의식이 번개처럼 지나갔고, 나는 물이 없는 개울 바닥 돌부리에 머리를 박고

꽝 떨어졌다. 피가 흐르는 것을 어렴풋이 의식했다.

　동행하다가 돌발 사고에 놀란 상급반 형들이 나를 들쳐업고 다리 위에까지 올라왔을 때, 마침 지나가던 외재종(外再從) 형님이 우리를 발견하고, 나를 읍내 충일의원으로 데리고 가서 바로 수술을 받도록 조처했다. 그날 저녁은 병원에서 잤고, 다음날 난생 처음으로 일본식 우동을 맛있게 먹었다.

　통원 치료를 하게 되면서부터 학교에도 나갔다. 머리통을 붕대로 칭칭 동여맨 꼴로 교정에 들어섰을 때, 여학생들이 놀라움 같기도 하고 호기심 같기도 한 시선으로 바라보았다. 그 가운데서 우리 반의 똘똘이 이대영(李大榮)의 누나이기도 한 5학년 여자반 반장은 "어머나 저 애가 어쩐 일이지?" 하며 크게 안됐다는 표정을 지었다. 우리 학교 여학생 중에서 가장 아름다운 누나라고 생각했던 바로 그 사람이다. 나는 다소 창피하기도 했지만, 그 아름다운 누나의 따뜻한 시선을 지금도 아련하게 기억한다.


　'남녀 공학'이라는 것은 말도 들어본 적이 없는 시절이었다. 내가 입학하던 해에도 여학생반을 뽑기는 했으나, 교실이 멀리 떨어져 있었으므로 그쪽 동네 사정은 거의 모르고 지냈다. 우리가 4학년쯤 되었을 때에야 비로소 그들의 존재가 눈에 보이기 시작했다. 색시 티가 나면서부터 관심의 대상이 되었던 것이다. 그러나 같은 학년 여학생 가운데서 관심을 끈 것은 오직 소수에 불과했다.

　임 아무개는 덩치가 크고 달리기를 잘했으므로 화제에 올랐고, 정 아무개는 '끼가 철철 흐른다'고 해서 악동들의 시선을 끌었다. 다만 나의 은근한 관심은 김지수라는 여학생에게 머물렀다. 매년 줄곧 반장 노릇을 한 재원 정도로만 알고 있던 그가 내 뇌리에

제 2 장 문집에 오르지 않은 수필

깊은 인상을 심은 것은 5학년 때 우리 반 담임을 맡았던 마에다(前田) 선생이 수업시간에 '김지수'를 입에 올린 때부터였다.

5학년 여자반 담임 선생에게 사정이 생겨서 며칠 결근을 하게 되었을 때, 마에다 선생이 대신하여 그 반 수업을 맡은 일이 있었다. 그 대리 수업이 있은 다음에 마에다 선생은 김지수의 우수성을 극구 찬양하면서, "너희들 가운데서도 그런 학생이 나오기를 바란다"고 말하였다. 나는 김지수에게 시샘을 느끼기보다는 서로 아는 사이가 되기를 바라는 생각이 앞섰다.

'남녀 유별'의 관념이 충만했던 충청도 시골에서 자란 나에게 친척도 아닌 여자아이와 '아는 사이'가 되는 길을 스스로 개척할 능력은 없었다. 그저 막연한 동경(憧憬) 비슷한 심정을 안고 살아가고 있었는데 뜻하지 않은 기회가 생겼다.『문』(門)이라는 제호의 교지(校誌)를 창간하게 되었고, 김지수와 내가 그 위원 7명 가운데 포함되었던 것이다. 어린이 소꿉질 수준의 잡지를 학생들의 힘으로 만든다는 것이니, 그 위원들은 자연히 '아는 사이'가 될 것임에 틀림이 없었다.

그 당시 충주보통학교에는 졸업 후에 진학할 수 있는 2년제 '고등과'가 있었다. 그 고등과 학생들 가운데서 위원장이 나오고, 그 밑에 6학년과 5학년 학생 각각 세 사람이 위원의 자리를 맡게 된 것이다. 위원장을 맡은 고등과 학생은 조용준이었고, 6학년 여학생 위원의 이름은 홍윤희였다.

홍윤희는 재원으로서의 명성이 전교에 알려질 정도는 아니었으나, 역시 반장이었고 특히 빼어난 미모로 시선을 끌기에 충분했다. 내 주위에 '아는 사이'로 다가가고 싶은 여학생이 두 사람 나타난 셈이다. 그러나 세상일이 그렇게 호락호락하지는 않았다. '아는 사이'가 되기 위해서는 우선 말을 주고받아야 하는데 그 기회를 포착하기가 쉽지 않았다. 위원장을 맡은 조용준이 한 수 위였던 것이다.

'학예부 위원회'라는 이름으로 가끔 모이기는 했으나 어떤 의제(議題)를 내놓고 회의다운 회의를 진행하지는 않았다. 위원장은 모든 일을 자기 마음대로 처리했으며, 6명의 위원은 한갓 보조원으로 대접하였다. 쉽게 말하면 졸병을 거느린 장교처럼 군림함으로써, 두 여학생과의 대화 기회는 오직 위원장만의 전유물이 되고 마는 절묘한 상황이었다.

함구령이 내려진 것은 아니었다. 자연스러운 대화의 기회를 만들기가 어려웠던 것이다. 모임 장소로 가는 길목에서 서성거리다가 여학생과 우연처럼 마주치면, "학예부 위원회에 나오는 길입니까?" 하고 말을 걸 수는 있었을 것이다. 그러나 그따위 바보 같은 수작을 하고 싶지는 않았다. 더러 용기를 내어 무엇인가 물어본 적이 한두 차례 있었다. 그러나 대답은 "예", "아니오" 또는 "모릅니다"로 끝나고 마는 수줍은 대화였다.

어느 토요일 오후에 나는 담임 선생의 지시를 받고 무슨 도표를 그리게 되었다. 추운 겨울날이었으므로 담임 선생은 온돌방으로 된 숙직실에서 작업하도록 배려하였다. 해질 무렵까지 걸려서 도표를 거의 마무리할 단계에 이르렀을 때, "아이 추워" 하며 여학생 두 사람이 숙직실로 들어왔다. 홍윤희와 김지수였다. 나는 그저 꿈을 꾸는 기분이었고, 벌떡 일어나서 어떤 말을 걸 정도의 기지나 여유는 없었다. 아마 일어나 앉아서 목례(目禮) 정도로 아는 척한 것이 고작이었을 것이다.

두 여학생은 선 자세로 내 작업하는 모습을 내려다보았다. 그때

홍윤희가 말한 한 마디가 지금도 내 귀에 쟁쟁하다. "어쩌면 도표를 저렇게 잘 그렸지?" 그러나 나는 그림 솜씨가 좋은 어린이는 아니었다.

교지 『문』은 두세 번 나왔을 뿐 오래 지속되지는 않았다. '학예부 위원회'도 자연히 흐지부지 없어졌고, 행여나 '아는 사이'가 되기를 바랐던 두 여학생의 모습도 아득한 기억 속으로 사라졌다.

『계간수필』, 2003 봄호

## 치과 의원 대기실

 최근에 어느 친구가 보내준 산문집을 들고 집을 나섰다. 기다리는 시간이 길 경우를 지루하지 않게 처리하기 위한 준비 태세였다. 치과 의원 대기실에도 작은 책꽂이가 있지만, 숙녀들의 속옷 구매욕을 일깨우기 위하여 실린 민망스러운 광고 사진을 훔쳐보는 재미도 이제는 시들한 나이가 되었다.
 대기실에는 예상보다도 많은 사람들이 기다리고 있었다. 청년 한 사람을 빼고는 모두 여자들이다. 잡지를 뒤적거리는 사람도 있고, 아는 사이인 듯 말을 나누는 사람들도 있다. 나는 바로 준비한 책을 읽기 시작했다.

 산문이기는 하나 사람들이 들락거리는 장소에서 읽기에 아주 적합한 글은 아니다. 수필가이기보다는 시인이라고 해야 할 그 친구의 글은 '행운유수'(行雲流水)보다는 '절차탁마'(切磋琢磨)를 연상케 한다. 상식인과는 다른 시각에서 사물을 보기도 하고, 은유 대신에 연막을 치기도 한다. 같은 말을 반복하는가 하면 대담한 생략도 마다하지 않는다.

한 번 읽어서 뜻이 분명치 않으면 두 번 읽는다. 두 번 읽어도 모르면 그냥 넘어간다. 내가 산문을 읽는 버릇이다.

책을 덮고 실내를 둘러본다. 몇 사람이 나가고 몇 사람이 다시 들어온 모양이다. 또 한 사람 나가고 뒤를 이어서 두 사람이 들어왔다. 얼굴 특히 코 모양을 보면 모녀 사이 같으나, 차림새는 크게 다르다. 나이든 부인은 머리를 보글보글 지졌고 옷차림도 농사꾼 아줌마의 그것이다. 젊은 여자는 눈에 뜨일 정도의 멋쟁이다. 한 자리밖에 없는 빈자리에 나이든 부인을 앉히고, 젊은이는 그 앞에 서서 이야기를 나눈다.

잠시 눈을 감았다. 고향인 충주의 산골 도랑가에서 엄지와 검지로 모새를 집어서 양치질하던 초등학교 시절의 내 모습이 떠오른다. 소금으로 양치질하기가 어려울 정도의 가난은 아니었으나, 나도 다른 아이들 따라서 모새로 양치질을 하곤 했다. 모새가 치아에 좋다는 민간 속설이 있었던 것일까.

"금니들 해 박으시유우, 금니유우!" 하며 외치고 다니던 무면허 기술자의 목소리도 다시 귓전에 살아난다. 가을걷이가 끝나고 농촌에 다소의 여유가 생길 무렵이면, 치과의사 아닌 금니 기술자가 골목길을 누비고 다니며 무면허 영업을 했던 것이다. 주로 치아의 벌어진 사이를 금으로 때우는 시술이었는데, 도대체 금을 어떻게 녹여서 어떻게 때웠는지는 알아보지 못했다.

우리 마을에도 금니를 해 박은 아저씨와 아줌마가 있었고, 그분들의 절실한 과제는 금니가 보이도록 멋있게 웃는 방법을 연구하고 실천하는 일이었다. 너무 노골적으로 입을 열지 않고, 그저 자연스럽게 슬쩍 보이도록 해야 멋있어 보일 터인데, 그것이 어디 쉬운 일인가.

차례가 왔음을 알리기 위하여 내 이름 세 글자에 '할아버지'를 붙여서 호명하는 간호사의 졸음 섞인 목소리에 눈을 떴다. 모새로 양치질하던 초등학교 소년이 갑자기 '할아버지'가 되고 만 크나큰 변화에 세월의 무상함을 느끼며 진찰실로 들어갔다.

치료를 받고 집으로 돌아오는 길에 작은 화분 하나를 샀다. 빠알간 꽃이 시선을 끄는 귀여운 화분. 꽃을 좋아하지만 잠시 보기 위하여 돈을 주고 살 것까지는 없다고 믿는 노처(老妻)를 위해서다.

갓난아기 다루듯이 화분에 신경을 보내며 신호등을 기다리는데, 어두운 하늘에서 빗방울이 떨어지기 시작한다. 우산도 준비할 것을 그랬나?

『계간수필』, 2003 가을호

## 편가르기

 "간에 붙었다 쓸개에 붙었다 한다"는 말은 강도 높은 비난의 뜻을 담고 있다. 의리(義理)의 덕을 숭상하는 우리나라의 정서를 배경에 깔고 있는 이 속담은 '인간 쓰레기'에 버금가는 욕이 될 수도 있다.
 "당신은 도대체 누구 편이오?" 이 말도 '의리 없는 사람'이라는 뜻을 담고 자주 사용된다. "당신은 당연히 내 편을 들어야 마땅하다"는 전제가 깔려 있다. '편'은 이미 갈라져 있는 것이다.

 개혁의 의지가 확고한 사람들끼리 모여서, 즉 '코드'가 맞는 사람들끼리 한편이 되어서, 개혁을 추진해야 한다는 견해에는 분명히 일리가 있다. 개혁의 의지가 없는 사람과 함께 개혁을 도모한다는 것은 논리에 맞지 않는다. 다만 여기서 우리는 그 개혁의 핵심이 무엇이냐는 것을 신중하게 짚고 넘어가야 한다. 그리고 누가 과연 확고한 개혁의 의지를 가진 사람인가도 냉철하게 따져봐야 한다.

'개혁'의 핵심은 불합리한 현실을 합리적 방향으로 돌리고, 불공정한 사회를 공정한 사회로 바꾸는 데서 찾아야 마땅하다. 따라서 개혁의 의지가 확고하다고 평가되기 위해서는 일당(一黨) 또는 '나' 개인의 이익보다는 나라와 나라 안의 모든 사람들의 이익을 우선시하는 도덕적 의지가 확고해야 한다. 나 또는 내가 속해 있는 집단을 위하는 마음이 나라 전체를 위하는 마음보다 앞서는 사람들은, 여야를 막론하고 개혁의 주역으로서는 부적합하다.

여기서 우리는 "성현 또는 군자가 아닌 이상, 나와 내 집단을 우선시하는 것이 보통사람들의 심리가 아니냐"는 반문을 예상할 수 있다. 인간의 심리가 자기중심적 구조를 가졌다는 사실을 망각한다면, 우리들의 주장은 오로지 공허할 뿐이라는 사실을 지적하고 싶은 사람도 있을 것이다.

그러나 성현 또는 군자가 아니더라도 나라 전체를 '나' 또는 나의 집단보다 우선적으로 생각하는 경우가 있다. 원대한 안목으로 크게 계산할 때 나라 전체를 우선시하는 편이 결국은 나 자신을 위하는 길이라는 대답을 얻을 경우가 많은 것이다. 지금 우리나라가 처해 있는 현실이 바로 그 대표적인 경우에 해당한다. 현재 우리나라는 위기도 될 수 있고 기회도 될 수 있는 흥망의 역사적 기로에 서 있다고 보는 것이 생각 있는 사람들의 견해가 아닐까 한다.

잠시 세계 지도를 펼쳐놓고 바라보라. 우리나라 주변에는 중국과 일본 그리고 러시아가 진을 치고 있으며, 더 먼 곳에는 미국과 유럽의 열강이 도사리고 있다. 그들은 모두 우리의 우방이 될 수도 있겠지만, 경쟁국으로서의 성격이 강하다고 보아야 한다. 약육

강식의 역사가 끝나는 날이 언젠가 올 가능성이 아주 없는 것은 아니다. 그러나 지금은 아니다.

거듭 말하거니와, 우리의 현실은 우리들 각자의 이익은 잠시 접어두고 우선 나라부터 살려야 할 상황이다. 우리끼리 편을 가르고 눈앞의 이익을 위하여 흙탕물을 튀기며 싸우는 것은 결코 나라를 살리는 길이 아니다.

정치와 경제, 언론과 교육, 학문과 예술 등 각 분야에서 높은 자리에 오른 사람들은, 즉 지위가 높아서 사회적 영향력이 강한 사람들일수록 '공선사후'(公先私後)의 원칙을 항상 명심해야 한다. 높은 자리에 오른 사람일수록 마음이 너그러워야 하거니와, 마음이 너그러운 사람은 편가르기를 좋아하지 않는다.

나라에서 가장 높은 자리에 앉은 사람은 대통령이다. 대통령은 누구보다도 어른스러워야 하며, 누구보다도 너그러워야 한다. 어른스럽고 너그러운 대통령은 편가르기를 삼간다. 후보 시절에는 그에게도 편이 있었다. 그러나 일단 대통령이 된 다음에는 편가르기의 사슬에서 벗어나야 한다. 대통령에 당선된 사람이 자기를 지지해 준 사람들의 호의를 잊지 않는다면 그것은 그의 개인적 미덕이 될 것이다. 그러나 그 감사의 심정이 국민의 편가르기로 이어진다면, 그는 실패한 대통령으로서 역사에 기록될 것이다.

국민들에게도 대통령에 대하여 지켜야 할 도리가 있다. 내가 지지하지 않은 후보라 하더라도 그가 일단 대통령에 당선되면, 그를 우리의 대통령으로서 따뜻한 마음으로 지켜보는 것이 성숙한 시민으로서 주권자에게 어울리는 올바른 태도이다.

대통령의 언행에 대하여 언제나 박수를 보내라는 뜻은 물론 아니다. 옳은 것을 옳다고 칭찬하고 그른 것을 그르다고 비난하는 공정한 태도를 뜻하는 것이다. 때로는 쓴 소리가 박수보다도 더욱 대통령을 도와주는 행위가 될 수 있다.

『계간수필』, 2004 봄호

## 머리 좋은 사람

"머리가 좋다"는 말은 흔히 칭찬의 뜻으로 쓰인다. 그러나 머리가 좋음은 반드시 축복만을 의미하지 않는다. 많은 경우에 그것은 화근(禍根)으로 작용하기도 한다.

치열한 경쟁을 피하기 어려운 삶의 과정에서 높은 재능은 강력한 무기의 구실을 한다. 현대의 인간사회에서는 승패의 판가름이 육체의 힘 겨루기로 결정되기보다는 머리싸움으로 결정날 경우가 많다. 승부의 세계에서 승리자가 되는 것이 바람직하다는 상식으로 볼 때, 머리가 좋음은 축복이라는 결론에 이른다.

그러나 경쟁 상황은 끝없이 연속되는 것이며, 어떤 시점에서의 승리가 최종적 승리를 의미하지는 않는다. 국지적(局地的) 성격을 가진 오늘의 승리에 도취하다 보면 그것이 도리어 전면적 패배로 이어질 수도 있다.

단순히 머리가 좋은 것만으로는 자신의 생애를 축복된 작품으로 만들기에 부족함이 많다. 전체를 크게 바라보는 지혜로움과 잔재주가 머리를 들지 못하게 하는 덕성(德性)이 함께 할 때 비로소 축복된 작품으로서의 생애가 형성될 수 있다.

 좋은 머리의 싹은 주로 유전자를 통하여 부모로부터 받는다. 그 유전자를 어떻게 키우느냐 하는 것은 자신의 노력과 부모의 지혜로움에 달려 있다. 덕성의 싹도 유전자와 무관하지 않으나, 그것을 키우는 것은 주로 인성 교육과 경험이다.
 한국에는 재능이 탁월한 사람은 많으나 덕성이 풍부한 사람은 그리 많지 않다는 인상이 강하다. 말 잘하는 사람은 도처에서 만날 수 있으나 실천을 바르게 하는 사람을 만나기는 어렵다는 사실이 이 인상을 뒷받침한다.
 나라의 높은 자리를 차지한 사람들은 거의 대부분 머리가 좋은 사람들이다. 그 자리까지 올라가기 위해서 치열한 경쟁에서 이겨야 하고, 치열한 경쟁에서 이기기 위해서는 머리가 좋아야 한다는 사실로 미루어서, 나는 그렇게 생각한다.

 덕성이 탁월한 사람을 간혹 만나게 된다. 그들은 첫눈에 재기(才氣)가 발랄하다는 인상을 주지 않는 경우가 많다. 그러나 알고 보면 그들은 머리도 매우 탁월하다는 믿음이 따른다. 재덕(才德)을 겸비한 것이다.
 저토록 재덕을 겸비한 사람이 정치계의 높은 자리에 올랐으면 얼마나 좋을까 하는 생각이 스쳐갈 때가 있다. 그러나 나는 곧바로 그 생각을 지워버린다. 그 사람은 정치에 부적합하다는 생각이 압도하기 때문이다.
 외국의 경우에 재덕을 겸비한 인물이 대통령 또는 수상의 자리에 오른 사례가 있었다고 들었다. 그러나 그들은 대개 정치가로서는 별로 성공하지 못한 것으로 전해진다. 도대체 무엇 때문일까?

철인왕(哲人王)이 지배하는 이상국가를 꿈꾸었으나 결국 이루지 못하고 만 플라톤의 옛날이야기를 다시금 생각한다.

『계간수필』, 2004 가을호

# 작금의 심정

대한민국학술원이라는 고령 집단에 깊이 관여한 까닭으로, 팔순이 넘은 나이임에도 근래 문상(問喪)의 기회를 자주 가졌다. 문상을 거듭하는 가운데 삶의 덧없음을 새삼 느껴온 작금이다.

삶에서 죽음으로 이르는 길목은 생각보다 가까운 곳에 있다. 어제까지 멀쩡하던 사람이 오늘 홀연히 떠나는 것을 여러 차례 보았다. 삶과 죽음의 사이가 머나먼 거리라는 착각 속에 살아온 세월이 가소롭다. 삶과 죽음이 바로 지척의 이웃이라는 사실을 깜박 잊었던 탓으로, 앞을 다투며 짧은 시간을 길게 보낸 나날이 어리석고 또 어리석다.

스피노자의 말이 생각난다. 존재하는 모든 개체(個體)들은 하나뿐인 대자연을 구성하는 부분들이며, 이 점에서는 인간도 예외가 아니라는 그의 말이 다시금 진리의 명언으로서 다가온다. 스피노자가 말했듯이, 한 개인을 독립된 단위로 볼 수 있는 근거는 나뭇잎 하나를 독립된 개체로 볼 수 있는 근거 이상의 것이 아니다.

나뭇잎의 '나'가 나무의 가지와 줄기 그리고 뿌리에까지 뻗어갈 이유를 가졌다면, 사람의 '나'도 대자연의 끝까지 확대될 수 있는 이유를 가졌을 것이다.

'나'의 경계선을 여섯 자(尺) 미만의 공간 안에 국한하고, 그 국한된 부분을 마치 하나의 독립된 실체(實體)처럼 생각하는 그릇된 관념은 인생이 경험하는 모든 불행의 근원이라고 스피노자는 가르쳤다. 불행이란 결국 슬픔, 두려움, 노여움 따위의 괴로운 감정들의 함수(函數)이며, 괴로운 감정을 빚어내는 첫째 요인은 전체의 진상(眞相)을 모르고 부분을 전체로 오인하여 부분에만 애착하는 어리석은 이기심이라고 그는 설파했다.

스피노자는 단순한 철학자가 아니라 자신의 가르침을 스스로 실천한 참된 성인(聖人)이다. 나는 그의 학설을 모두 이해하지도 못했지만, 머리로 이해한 바를 가슴으로 따르지는 더욱 못하는 소인(小人)에 불과하다. 소인의 머리와 가슴은 따로따로 떨어져서 제멋대로 달아나니, 말은 말일 뿐 실천이 따르지 않는다.

스피노자의 철학을 이론적으로 이해하는 일보다도 더욱 나의 관심을 끄는 것은 그의 사상을 실천에 연결시키는 문제이다. 나이 탓 때문일까, 요즈음 특히 늙음과 죽음의 문제가 단순한 관념의 문제가 아닌, 묵직한 현실의 문제로서 코앞에 어른거린다.

청년 시절에 본 영화 가운데『판도라』라는 것이 있었다. 그 남자 주인공은, 자기 부인이 부정(不貞)을 저질렀다는 오해로 인하여 아내를 무지막지한 방법으로 살해하였다. 이 사실을 알게 된 신은 그 죄인에게 세상에서 가장 무거운 형벌을 내리기로 작심했다. "영원토록 너는 죽지 못 할지어다." 이것이 그 처벌의 요지였다.

진시황이 그토록 염원했던 불로장생. 그러나 그것은 결코 축복이 아니다. 가족과 친지들이 모두 떠나간 뒤에 홀로 남아서 죽지 못하고 끝도 없이 살아가야 하는 인생. 생각만 해도 끔찍하다.

썩지 않는 비닐 제품이 좋은 물건이 아니듯이, 인생도 그저 오래오래 사는 것을 축복받은 삶이라고 보기는 어렵다. 늙을 때는 늙고 죽을 때가 되면 죽는 인생이 순리에 맞는 인생이며, 또 그것이 바람직한 인생이다. 욕심을 부린다고 모든 일을 혼자서 할 수 있는 것도 아니다. 어차피 유한자(有限者)로 태어난 인생, 하는 데까지 하다가 웃고 떠나면 그것으로 족할 뿐이다.

고종명(考終命)이라고 했던가.

『에세이 21』, 2004 가을호

## 수필과 철학

　요즈음 우리나라에서 수필을 논하는 사람들은 주로 문학성을 염두에 두고 있다. '문학성'을 간단하게 규정하기는 어려울 것이나, 우리나라의 수필가들은 그 핵심을 정서적 감동에서 발견하는 경향을 가졌다. 이러한 추세는 우리나라 수필가들을 서정성을 선호하도록 유도하였고, 서정성이 탁월한 수필을 높이 평가하는 풍토를 조성하였다.
　서구적 의미의 '철학'은 느낌보다는 생각과 더 깊은 관계를 가졌다. 고대 그리스에 기원을 둔 철학은 분석적으로 깊이 생각하고, 종합적으로 넓게 생각하며, 논리적으로 바르게 생각하는 사유(思惟)의 과정을 중요시했으며, 그 사유에서 얻은 결과를 '철학'(philosophy)의 이름으로 중요시하였다. 그리고 서양의 여러 나라들은 진리를 이론적으로 탐구하는 전문적 철학자들을 무수히 배출하였다.
　전문적 철학자들은 철학적 문제들에 대한 이론적 탐구에 종사하는 것을 본업으로 삼지만, 개중에는 그들이 삶의 현장에서 느끼고 생각한 바를 비교적 알기 쉬운 산문에 담아서 일반 독자들을 위하여 제공한 사람들이 적지 않다. 몽테뉴, 파스칼, 베이컨, 루소 등이 그 대표적 인물들이다.

철학자들이 쓴 에세이는 독자들의 정서에 호소하기보다는 지성에 호소하는 사상적 내용을 많이 담고 있다. 그 내용은 개인적 삶의 바람직한 길에 관한 논의가 될 수도 있고, 사회 현실의 비리(非理)에 대한 비판적 견해가 될 수도 있으며, 품위 있는 죽음에 대한 사색이 될 수도 있어서, 그 영역이 매우 넓고 풍부하다.

동양에 있어서도 중국의 경우는 옛날부터 중후한 사상을 담은 산문(散文)의 전통이 연면히 이어졌고, 현대에 이르러서도 임어당(林語堂), 호적(胡適), 양계초(梁啓超) 등 철학적 산문으로 알려진 수필가들이 적지 않다.

일본의 경우도 서양철학을 연구한 학자들 가운데 수준 높은 중수필(重隨筆)을 담은 수상집을 낸 사상가들이 적지 않다.『산따로(三太郞)의 일기』로 널리 알려진 아베 지로(阿部次郞),『인생론 노트』로 많은 독자들에게 깊은 인상을 심어준 미끼 기요시(三木淸),『우상 재흥』(偶像再興)이라는 수상집 안에 여러 중후한 글을 담은 아마노 데이유(天野貞祐) 등은 그 일부이다. 철학자는 아니지만 철학적 깊이를 가진 여러 권의 소설을 발표하여 일본 문학의 새로운 지평(地平)을 연 나쓰메 소세끼(夏目漱石)도 중후한 내용을 가진 장편 에세이를 남긴 바 있다.

그러나 우리 한국의 경우는 철학적 내용을 담은 중수필은 그 명맥이 극히 미미하며, 오로지 가벼운 연수필만이 홀로 세력을 떨치고 있다는 인상이 강하다. 수필 단체에 관여하지 않고 있는 문필가 가운데 우수한 중수필을 발표하는 사람들이 더러 있으나, 한국에서 전업 수필가로 알려진 사람들은 그들을 이방인처럼 도외시하는 경향이 있다. 수필을 보는 시각이 지극히 편협한 것이다.

난초나 청자처럼 우아하고 깔끔하며, 고생도 실연도 모르고 그저 곱게곱게 자란 고명딸의 첫사랑 이야기처럼 맑고 즐거운 수필만을 상품(上品)으로 숭상하는 수필관에는 심각한 문제가 있다. 한없이 뻗어나갈 수 있는 수필의 세계를 스스로 좁은 공간 안에 폐쇄하는 자승자박의 어리석음이다. 느낌 또는 정(情) 이외에도 자아의 체험과 사색 그리고 사상 등 수필의 대상이 될 수 있는 세계는 제한이 없을 정도로 넓고 깊다. 그 크나큰 영역은 몇몇 문필가가 남김없이 다룰 수는 없을 것이나, 한국의 수필계 전체로서 볼 때 그 한 귀퉁이만 고집하는 것은 어리석은 노릇이다.

한국의 수필가들은 수필가들의 집안 잔치에만 애착할 일이 아니다. '수필문학'이라는 안이한 울타리를 뛰어넘어서 더욱 넓은 삶의 세계를 사랑하고 이해하는 방향으로 문필의 지평을 넓힐 때, 한국의 수필계는 우리 문단에서 그 본래의 자리를 찾고, 한국의 문화를 위해서 응분의 소임을 다하기 시작할 것이다.

서정 위주의 연수필에만 매달릴 때 한국의 수필은 미구에 한계점을 밟게 될 것이다. 바꾸어 말하면, 철학적 내용을 담은 수필에도 관심을 가질 때 한국 수필의 새로운 지평이 크게 열릴 것이다.

철학적 내용을 담은 수필을 쓰기 위해서 데카르트나 칸트 또는 헤겔 같은 전문적 철학자들의 저서를 읽을 필요가 있다고 보지는 않는다. 철학은 전문적 철학자들의 책 속에만 있는 것은 아니다. 그것은 괴테나 도스토예프스키 같은 문호들의 저술 속에도 있고, 역사적 인물들의 회고록에도 있으며, 산전과 수전을 겪어 가며 열심히 살아온 이름 없는 할아버지의 실패담 속에도 담겨 있다.

당신의 마음 속에도 철학의 싹은 숨어 있을 것이다. 당신이 잠시 욕심을 떠나서 지난날을 조용히 돌아볼 때, 당신의 앞날이 50년도 남지 않은 시한부 인생이라는 사실을 웃음 섞인 심정으로 들여다볼 때, 당신의 마음 속에는 귀중한 철학의 싹이 고개를 내민다.

 생각을 많이 한다고 반드시 철학하는 행위가 되는 것은 아니다. 보통사람들보다 좀더 깊게 생각하고, 여러 시각에서 두루 넓게 생각하며, 논리에 맞도록 바르게 생각할 때, 비로소 철학하는 행위가 숨을 쉰다. 다만 분명한 것은 '철학'이라는 명사보다 '철학한다'는 동사가 먼저라는 사실이다.

2004

# 제 3 장
# 칼럼 중에서

자기와의 싸움부터 이겨야 /
외국어와 모국어 /
언어의 그릇된 사용 /
욕심을 줄이고 바라본 세상 /
스승의 날 /
헤세와 현대인의 고독 /
지금은 그럴 때가 아니다 /
도산 선생의 충고 /
우리의 현실과 성숙한 시민의식 /
감정이 앞서는 정치 /
성숙한 사회와 지도자 계층 /
나에 대한 사랑 /

## 자기와의 싸움부터 이겨야

생물 진화의 과정에서 인간이라는 종족은 그 정도를 좀 지나친 것이 아닐까 하는 생각을 할 때가 있다. 몸도 마음도 그 구조가 너무 섬세해서 조금만 부딪쳐도 곧 상처를 입는다.

손가락에 작은 가시만 들어가도 견디기 어려운 고통을 느끼고, 음식이 조금만 맞지 않아도 곧 배탈이 난다. 거칠고 험한 숲 속을 맨발로 뛰어다닐 뿐 아니라 냉습한 굴 속에서 침대도 없이 사는 산짐승과 비교할 때, 우리 인간은 너무 연약하다는 것을 새삼 느낀다.

사람의 심리는 그 육체보다도 더욱 예민하다. 신경을 조금만 건드려도 당장에 감정이 곤두서고 마음이 평온을 잃는다. 그 예민함과 섬세함이 덕이 되어 시와 음악과 무용 그밖의 예술이 꽃을 피웠으니 고마운 점도 없지 않다. 그러나 현대인의 신경은 그 날카로움이 정도를 지나쳤다는 생각을 누를 길이 없다.

17세기의 철학자 스피노자는 지성을 연마할수록 감정의 굴레를 벗어날 수 있다고 역설하였다. 그리고 우리의 상식도 지성이 발달한 사람은 감정 처리에 능숙하리라고 기대한다. 감정을 가슴속에 감추어두고 겉으로 나타내지 않는 억제력에 있어서 발달한 지성이 기여할 수 있는 것은 사실이다. 그러나 신경이 날카롭고 감정이 섬세한 점에 있어서는 이른바 지식인이라는 사람들이 도리어 더 심할 경우가 많다.

사람의 마음 안에 지성이라는 것과 감성이라는 것이 따로따로 떨어져 있는 것으로는 보이지 않는다. 그것들은 하나의 같은 마음의 두 측면일 따름이다. 따라서, 지성의 발달이 감성의 활동을 억제하기보다는, 지성의 발달과 감성의 발달이 보조를 같이 할 공산이 크다. 공부를 많이 하고 지식 수준이 높은 사람일수록 감정도 예민한 경우가 많은 것이 우리들의 일상적 관찰이다. 지식인으로 알려진 사람들이 도리어 더 감정적이라고 말한다면 터무니없는 망발일까.

교육 정도가 높아질수록 감정도 예민해진다는 사실로 말미암아 현대인의 인간관계는 날로 어려워져 가고 있는 것만 같다. 인구가 많은 까닭에 눈만 뜨면 사람들과 만나게 되는 것이 오늘의 사회생활이다. 만나는 사람들의 대부분이 날카로운 신경을 가지고 있어서 조금만 접촉이 잘못 되어도 서로 상처를 입는다. 날로 심해가는 불신 풍조가 몰고 오는 추측과 오해까지 가세하여, 아무것도 아닌 일로 사람들 사이의 틈이 벌어진다.

대인관계가 원만하지 못한 것처럼 마음이 불편한 때는 없다. 그리고 마음의 불편은 몸의 불편보다도 감당하기가 훨씬 더 어렵다. 몸이 불편할 때는 조용히 휴식을 취하면 낫기도 하지만, 마음이 불편할 때는 별로 신통한 대책이 없다.

내가 어리던 시절에는 수양(修養)이라는 말을 자주 들었다. 대

수롭지 않은 일로 감정을 내거나 남과 다투는 사람을 보고는 "수양이 부족하다" 하고, 언행이 신중하고 감정의 동요가 적은 사람을 보고는 "수양이 깊다"고 하였다.

학교의 훈장들은 입버릇처럼 '수양'을 강조하였다. 한자에 대한 지식이 전혀 없는 시골 아주머니들은 '휴양'(休養)과 '수양'을 혼동하여 "몸이 아파서 수양을 좀 해야 할까 봐유" 하기도 하였다. 어쨌든 '수양'이라는 말은 어디서나 자주 듣는 말이었다.

근래는 '수양'이라는 말을 들을 기회가 별로 없다. 그 말을 자주 쓰는 사람이 있다면 아마 좀 고리타분하다는 인상을 줄지도 모른다. 언제부터 그렇게 되었는지는 모르겠으나, 현대인의 감각에 '수양'이라는 말은 별로 호소력이 없다. 나 자신도 이 말을 얼마 만에 써보는지 기억이 아물아물하다.

진부한 느낌을 준다는 이유로 오랫동안 외면해 왔던 단어 '수양'이 버려서는 안 될 매우 소중한 말처럼 오늘따라 새삼스럽게 다가온다.

사전이 어떻게 풀이하는지 모르겠으나, '수양'의 핵심은 자기 자신과의 싸움이 아닐까 한다. 우리는 밖으로 향한 남과의 싸움에 지나치게 골몰한 나머지 안으로 향한 자기와의 싸움을 소홀히 한 지가 벌써 오래다.

1985. 4

## 외국어와 모국어

　언어는 마음의 표현이다. 우리가 사용하는 말과 우리들의 의식 상태 사이에는 밀접한 관계가 있다. 그런 뜻에서 한국인이 사용하는 말 가운데 외국어가 많이 섞여 들어오고 있다는 사실은 우리 문화의 한 단면을 보여주는 것으로서 소홀히 생각해서는 안 될 중요한 문제를 안고 있다. 이러한 점을 고려하여 우리의 언어순화를 역설하는 식자들의 소리가 여론화되었고, 정부당국과 언론기관이 이 여론을 실천에 옮기고자 하는 움직임을 보여온 지도 이미 오래다.
　그러나, 우리말을 순화하는 과제는 오직 부분적으로만 해결의 기미를 보였을 뿐, 아직도 문제의 근본은 여전히 그대로 남아 있다 하여도 과언이 아니다. 대중에 대하여 가장 큰 영향을 가지고 있는 언론기관과 정부 산하에 있는 단체들이 사용하는 공용어조차도 아직 영어 선호의 굴레를 벗어나지 못하고 있는 실정이다. 그 예를 몇 가지 들어보기로 하자.
　대중매체의 으뜸으로 손꼽히는 텔레비전의 방송순서를 보면,

아직도 '스튜디오 830', '주초 다큐멘터리', '일요 다큐멘터리', '세계의 다큐멘터리', '뉴스데스크', '대하드라마', '뉴스파노라마', '시민법정 애프터서비스' 등이 눈에 띈다. 텔레비전에 출연하는 인사들의 발언 가운데는 듣기에 민망스러운 것들이 더욱 많다.

우리나라는 지금 "체력은 국력"이라는 표어를 앞세우고 체육과 운동경기에 거국적인 힘을 기울이고 있다. 그 거국적 각광을 받고 있는 체육계도 외래어를 선호하는 경향에는 다를 바가 없다. 예컨대 연맹전의 명칭은 '코리언 시리즈', '점보 시리즈', '슈퍼 시리즈' 등이요, 직업 야구의 구단명도 '라이온즈', '타이거즈', '자이언츠' 따위로 되어 있다. 오직 문화방송만이 '청룡'이라는 우리말 이름을 붙였는데, 그것마저 앞에 MBC라는 영어 글자가 붙어 있다.

연맹전 또는 야구단의 이름에 영어를 사용하는 이유 가운데는 관객의 주종을 이루는 청소년층의 취향에 영합하고자 하는 의도도 포함되어 있을 것이다. 우리나라 청소년층에 서양어 선호의 경향이 현저하다는 것은 젊은이들을 상대로 하는 상인들이 잘 알고 있다.

한국의 대표적인 신문사가 발행하는 잡지 이름에 '레이디'니 '우먼' 따위를 넣는 것은 젊은 여성들의 취향을 반영한 것임에 틀림이 없다. 출판사를 경영하는 어느 친구의 말에 따르면, '수필집' 또는 '수상집'이라는 말보다는 '에세이집'이라는 동서양 합작어가 젊은 독자층에 인기가 있다고 한다. 영어 또는 서양어를 선호하는 취향이 바람직하냐 아니냐를 논하기에 앞서, 우리는 이러한 취향의 원인이 무엇인가부터 살펴야 할 것이다.

언어라는 것은 국경을 넘나들게 마련이며 국경을 넘나드는 가운데 서로 영향을 주고받게 마련이다. 현대와 같이 국제적 교류가 빈번한 시기에는 국어가 외국어의 영향을 받고 변화를 일으키는 것은 어디서나 볼 수 있는 일반적 현상이며, 일반적 현상으로서의 외국어의 영향을 굳이 막아야 할 이유도 없으며 크게 걱정할 문제도 아니다.

그러나 외국어의 수용 내지 선호가 남의 것을 우러러보고 제 것을 업신여기는 열등의식에 바탕을 두었을 경우에는 문제가 달라진다. 우리나라에 있어서 외국어가 즐겨 쓰이는 경우는 바로 이러한 심리에 바탕을 둔 것이 아닐까 하는 것이 식자들의 걱정이다.

'김치'나 '불고기'가 한국 고유의 음식인 까닭에 외국인들도 그 말을 그대로 쓰는 것과 '우유' 또는 '설탕'이라는 우리말을 두고도 굳이 '밀크'니 '슈가'니 하는 말을 쓰는 것과는 사정이 다르다.

공연한 신경과민이라며 내 말을 일소(一笑)에 붙이고 싶은 사람들이 있을 것이다. 그 사람들을 위하여 내 말을 극명하게 뒷받침해 주는 예 하나를 여기 추가하고자 한다. 영어사전에도 없는 '웨딩홀'(wedding hall)이라는 말을 어느 한국인이 만들어냈고, 이어서 전국의 각 예식장 업자들이 일제히 간판을 갈아치웠다는 사실 말이다.

남의 나라 말을 많이 안다는 것은 그 자체로서는 바람직한 일이다. 그리고 외국어를 익히기 위해서는 그것을 열심히 배우고 일상생활에서도 자주 사용하는 것이 상책이다. 다만 문제가 생기는 것은, 모국어에 대한 사랑은 없이 오직 외국어에 대한 관심만이 우세할 경우이다.

나라를 사랑하면 나라말에 대해서도 애정을 느낀다. 반대로 나라에 대한 사랑과 긍지가 부족하면 나라말에 대해서도 애착과 긍지를 느끼지 못하게 되고, 그러한 마음의 공백이 외국어에 대한 호기심으로 채워질 경우가 있다. 우리가 걱정하는 것은 바로 이와 같은 주객전도의 잘못이다.

1985. 6

## 언어의 그릇된 사용

    언어는 인간과 다른 동물을 구별짓는 중요한 특색의 하나라는 주장에 대해서 반론을 제기하는 사람도 있을지 모른다. 일반 동물의 세계에도 언어가 있다고 보는 견해를 함부로 부정하기는 어려울 것이다. 그러나 우리 인간이 사용하는 언어와 동물들의 언어 사이에는 근본적인 차이점이 있다.
    인간의 언어는 사회적 습관 또는 약속으로서의 성격이 강하여 나라마다 말이 다르나 동물의 언어는 그렇다고 보기가 어렵다. 인간의 언어는 과거에 있었던 일 또는 장차 예상되는 일에 대해서 말할 수가 있으나 동물들의 언어라는 것은 현재의 자극에 대한 직접적인 반응에 지나지 않는다.

    까마득한 옛날 일에 대해서 확실하게 단언을 내릴 수는 없는 노릇이나, 본래 언어라는 것이 의사의 소통을 위해서 생겼고, 그것이 사람과 사람이 서로 이해하는 데 큰 도움을 주어 왔다고 믿어도 좋을 것이다. 인간의 언어가 다른 동물들의 언어보다 월등하게 발달했다는 사실은 인간의 상호 이해와 상호 협동을 위해서 매우 고마운 일이었음에 틀림이 없다.

그러나 요즘 나는 인간이 언어라는 보물을 잘못 사용하고 있다는 생각을 자주 하게 된다. 국회 주변을 비롯한 여러 곳에서 표출되는 정치가들의 언어를 직접·간접으로 들을 때나, 통신과 전달을 위한 전문기관으로서의 신문 또는 방송의 언어에 접할 때나, 심포지엄이니 세미나니 하는 연구의 모임에서 논쟁의 소리를 들을 때나, 늘 그러한 생각을 갖게 된다. 의사의 소통과 정보의 전달을 위해서 언어를 사용하는 것이 아니라 다른 목적을 위해서 그것을 쓰고 있다는 느낌을 금할 수가 없는 것이다.

많은 사람들이 자기를 과시하기 위하여 언어를 남용한다. 사람은 대개 누구나 자신을 잘난 인물로 보이고 싶은 허영심을 가지고 있는데, 이 허영심을 만족시키기 위해서 언어의 힘을 빌리는 것이다. 의사의 소통과 정보의 전달을 위해서라면 되도록 평이하고 알기 쉬운 말을 사용해야 마땅할 것인데, 공연히 난삽하고 복잡한 표현을 즐겨 사용하는 사람들이 많다.

보통사람들이 못 알아듣는 어려운 언어를 사용하는 것을 자랑으로 생각하는 못난 사람들은 옛날에도 있었고 요즘에도 있다. 옛날의 양반들이 우리 한글은 '언문'(諺文)이라 부르고 한문을 '진서'(眞書)라고 부른 것이나, 요즈음 배웠다는 사람들이 멀쩡한 우리말을 버려두고 외국어 사용하는 것을 자랑으로 여기는 것이나, 그 심리의 바탕은 다를 바가 없다.

어떤 사람들은 남을 이기기 위하여 언어를 남용한다. 상호 이해의 증진 또는 진리로의 접근을 위해서 이야기하자고 모인 사람들이, 본래의 목적은 뒷전으로 돌리고, 논쟁으로 상대편을 누르거나 설득으로 내 주장을 관철시키고자 하는 일에만 열중하는 경우를 흔히 본다. 남의 말은 듣지 않고 언제나 제 말만 하는 사람들은 대체로 언어의 본질을 망각한 사람들이다.

언제부터인가 '대화'라는 말이 유행어처럼 돌아다니고 어디를 가나 '대화'의 중요성을 강조하는 소리가 요란하다. 그러나 실제로 대화다운 대화를 나누는 사람들은 의외로 적다. 서로 제 의견이 옳다는 것만 내세운다. 내 의견이 틀렸을지도 모른다는 것을 명심하고 상대편의 옳은 의견을 받아들이고자 하는 유연한 마음가짐을 가진 사람들만이 진정한 대화를 나눌 수 있다.

어떤 사람들은 남에게 그릇된 정보를 제공하기 위해서 언어를 사용한다. 언어란 본래 진실을 전달하기 위해서 있는 것인데, 도리어 남을 속이는 결과를 얻도록 언어를 사용하는 경우가 흔히 있는 것이다.

말만 앞세우고 실천이 따르지 않는 것도 넓은 의미에 있어서 남을 속이는 행위의 일종이라고 볼 수 있다. 반드시 의도적으로 거짓말을 하지 않더라도 결과적으로 실천이 따르지 않으면 남을 속인 것이나 다름이 없다. 특히 지도층에 있는 사람들은 대중의 인기를 끌기 위해서 좋은 말을 많이 하게 되기 쉬운데, 말만 앞세우고 뒷감당을 못하게 되면 본의 아니게 거짓말쟁이가 된다.

오늘의 한국을 '불신 사회'라고 부르는 경우가 많은 것은 사람들이 자기가 한 말에 대해서 책임을 지지 않기 때문일 것이다. 민주사회의 건설은 상호간의 기본적 신뢰가 없이는 불가능하며, 그 기본적 신뢰의 구축을 위해서 우선 필요한 것은 언어가 진심을 전달하는 일이 아닐 수 없다.

 언어가 진심을 전달하지 않을 경우에는 의사의 소통이 어려우며, 의사의 소통이 원활하지 않으면 대화다운 대화가 성립하지 않는다. 대화는 민주사회의 건설을 위한 필수 조건 가운데 하나이다.

 우리 한국은 전통적으로 '말의 자유'가 지나칠 정도로 제한을 받아온 나라이다. 아랫사람이 윗사람 앞에서 함부로 말해서는 안 되며 윗사람의 말에 반대 의견을 가졌을 때도 맞서지 않고 순종하는 것이 '아랫사람의 도리'로서 가르쳐졌다. 모든 재앙은 말에서 연유한다는 것이 유교적 교훈의 거듭된 주장이었고 '말조심'은 모든 부모들의 한결같은 당부의 하나였다.

 언어에 대한 소극적 태도는 오늘의 한국 사회에도 이어지고 있다. 오늘도 말을 잘못 하거나 글을 잘못 쓰면 화를 입기 쉬운 것이 우리의 현실이며, 침묵을 지키는 소극적 자세가 무난한 처세술이라는 것이 일반 사람들의 상식이다.

 말이란 어느 시대 어느 사회에서나 바르게 사용되어야 마땅하다. 그러나 말을 하지 못하도록 막거나 할말을 안 하고 숨기는 것이 말을 바르게 사용하는 길은 아니다.

 할말은 하되 그 말이 진실과 부합하도록 하고 의사소통을 원활히 하도록 하는 것이 말을 바르게 사용하는 길이다. 우리가 언론의 자유와 그 책임을 강조하는 것도 이러한 맥락에서이다.

1985. 12

# 욕심을 줄이고 바라본 세상

　사회의 전체적 상황 내지 양상이 개인들의 심성(心性)과 행위를 좌우한다는 것이 현대인의 상식이다. 옛날 사람들이 소박하고 온후한 인심으로 다정하게 살 수 있었던 것은 농경사회라는 생활 기반 때문이었고, 현대인이 이기적이며 야박한 것은 산업사회의 구조적 제약 때문이라고 강조한다. 문제는 개인들에게 있는 것이 아니라 그들을 안고 있는 전체의 틀에 있다는 함축이 강하다.
　나 자신도 사회의 전체적 양상의 중요성을 믿어온 사람이다. 윤리학을 공부하는 가운데, 개개인의 양심이나 인격 수양 따위를 중요시하는 낡은 학설의 테두리를 벗어나서, 사회 전체의 정치·경제적 현실로 시선을 돌려야 한다고 주장하기도 하였다. 사회 전체의 틀을 고치는 일은 외면하고 오로지 개인의 심성과 인격에 대한 도학자적 설교만을 일삼는 도덕론이나 윤리 운동에 대해서는, 앞으로도 아마 큰 흥미는 느끼지 않을 것이다.
　그러나, 요즈음 나는 전체적 구조의 중요성만을 오로지 강조하고 개인의 심성과 인격의 구실은 등한시하는 반대편의 극단론에 대해서도 자주 회의를 느낀다. 제도와 구조를 바꾸어서 전체의 틀을 갈아치운다 하더라도, 그 틀 속에서 제도를 운영하는 사람들의 심성이 바르지 못하다면, 인간 사회의 모순과 악은 여전히 남을 것이라는 또 하나의 주장에 대해서도 응분의 관심을 주어야 하리라는 생각이 부쩍 고개를 든다.

개인의 심성과 행동 양식은 도덕 교육이나 인격 수양으로 좌우되는 것이 아니라 사회의 제도와 구조가 결정한다는 주장이 있다. 사회의 제도와 구조가 올바르면 그 안에 사는 사람들의 심성도 자연히 바로잡힐 것이고, 구조가 잘못된 사회에서는 필연적으로 못된 개인들만이 우글거리게 마련이라는 뜻이다.

나는 이 주장에 상당한 근거가 있다고 생각한다. 그러나 문제를 너무 단순화해서 흑백논리 식의 일률적인 결론을 단정하는 태도에는 강한 의문을 금치 못한다. 비누나 과자와 같이 기계로 빼는 공산품은, 같은 상표를 붙이고 같은 틀에서 나오는 것들은, 그 품질이 거의 비슷하다. 그러나 인간이란 복잡하고 미묘한 자유의 주체여서 기계에서 쏟아지는 물건처럼 그렇게 간단하게 일률적으로 형성되지 않는다. 내면으로부터의 능동적인 힘이 사람들의 인격 형성과 행동 양식에 적지 않은 영향을 미친다.

오늘날 한국의 국민으로서 사는 사람들은 같은 사회적 구조 안에서 살고 있지만, 각 개인이 보여주는 심성과 행동 양식은 각양각색이다. 아주 후덕하고 인자한 사람이 있는가 하면, 몹시 야비하고 염치없는 사람도 있다. 정직하고 성실한 사람이 있는가 하면, 거짓말과 속임수로 세월을 보내는 사람도 있다. 온화하고 겸손한 사람이 있는가 하면, 공격적이고 교만한 사람도 있다. 돈과 권세를 위해서 수단을 가리지 않는 사람이 있는가 하면, 깨끗하고 조용한 삶을 추구하는 사람도 있다.

사회 구조의 중요성을 역설하는 사람들도 이러한 사실을 부인하는 것으로는 보이지 않는다. 그들이 주장하고 싶은 것은 사회의 구조 여하에 따라서 개인들의 사람됨이 대부분 결정된다는 사실이요, 소수의 예외적인 개인들도 있다는 사실을 부인하자는 것은 아니라고 생각된다. 대세를 결정하여 역사의 방향을 좌우하는 것은 예외적 소수가 아니라 인구의 대부분을 차지하는 다수라는 이유에서, 사회 전체의 양상을 강조하는 것이다.

백 번 옳은 생각이다. 사회 전체의 양상 또는 그 뼈대에 해당하는 구조가 중요하다는 의견에 반대할 생각은 없다. 사회 풍조와 군중 심리의 횡포 앞에 개인의 힘이 얼마나 미약한가도 익히 짐작이 간다.

그러나, 그것을 모두 인정한다 하더라도, 예외적 소수의 존재를 소홀히 여겨서는 안 된다는 생각이 부쩍 고개를 든다. 사방이 모두 암흑으로 가득할 때 하나의 작은 촛불이 큰 광명을 베풀어주듯이, 사회 전체의 양상이 어둡고 혼란할 때 소수의 예외자들은 더욱 소중하고 고마운 희망이다. 캄캄한 방에 작은 불빛 한 점이 있는 것과 없는 것은 상황 전체에 큰 차이를 가져온다.

요순시대의 이야기가 그렇듯이, 우리는 옛날 일을 미화해서 현재와 비교하는 버릇이 있다. 옛날은 사람들이 모두 순박하고 정직하며 남을 사랑하는 마음이 강했는데, 요즈음은 사람들이 모두 영악스럽고 속임수에 능하며 이기적이라고 개탄한다. 인구가 늘고 생존경쟁이 점점 치열해진 탓으로, 옛날에 비해서 현대의 인심이 야박해졌을 가능성은 아마 충분히 있을 것이다.

그러나, 옛날 사람들이 과연 모두 그토록 선량하고 또 태평성대를 즐기며 살았을지 자못 의심스럽다. 정도의 차이는 있었겠지만, 인간이 살아온 모든 시대에 죄악과 고통이 있었고, 재난과 불행이 있었다고 보는 것이 사실에 가까운 추측이 아닐까 생각된다.

과거는 미화하는 반면에, 자신이 그 안에 살고 있는 오늘의 현실에 대해서는 어두운 측면에 시선을 집중시키는 사람들이 많이 있다. 실은 나 자신도 그러한 버릇을 가진 사람의 하나이며, 못마땅한 것들이 주로 눈에 띄는 그런 성격이다.

그러나 욕심을 줄이고 조용히 바라보면, 현대의 혼탁 속에서도 아주 깨끗하고 높은 심성을 가지고 사는 사람들이 있다는 사실을 알 수가 있다. 그런 사람들의 수가 그리 많지도 않고 또 그런 사람들이 세상에 널리 알려져 있지도 않은 것은 섭섭한 일이지만, 그러한 사람들이 더러 있다는 사실은 여간 고마운 일이 아니다. 그와 같이 고마운 사람들의 존재를 생각해 가며 사는 것도 큰 위안이 될 듯하다.

비록 수는 적지만 뜻이 높은 고마운 사람들이 언젠가 사회 전체의 양상을 바꾸는 일에도 크게 이바지하는 씨알의 구실을 할 날이 있으리라는 기대도 가져본다.

1985. 5

## 스승의 날

"선생님은 변소에 가지 않는 줄로만 알고 있다가 사실을 목격하고 충격을 받은 어린이가 있다"는 이야기를 들어가며 보통학교를 다녔다. 누가 꾸며낸 말이겠지만, 그 당시에 교사들이 대단한 존경을 받은 것만은 틀림없는 사실이다. 그러나 그 당시에는 '스승의 날'이라는 것은 없었다.

"석 자 떨어져서 스승의 그림자를 밟지 않는다"는 말을 들은 것은 아마 고등보통학교에 들어간 뒤였을 것이다. 그때에도 '스승의 날'이라는 말은 없었다.

대학으로 진학하면서 여러 교수들을 멀리서 또는 가까이서 대할 기회를 가졌으며, 내가 학생 시절의 대학 교수들은 사회적으로는 권위가 있었고 개인적으로는 친근감을 주었다. 그러나 그때에도 '스승의 날'은 없었다.

우리나라에 '스승의 날'이 생긴 것이 언제부터였는지 전혀 기억에 남은 것이 없다. 아마 별로 관심이 없었기 때문일 것이다. 선생 가슴에 꽃을 달아주는 풍속이 처음에는 나에게까지 미치지 않았던 까닭에, 무심하게 남의 일처럼 보았을지도 모른다.

내가 속해 있는 철학과에도 여학생들이 들어오게 된 때문일까, 근년에는 '스승의 날'에 강의를 하게 되면 대개 한 송이 꽃을 받게 된다. 정이 귀한 시대에 살기 때문인지, 우선 기쁘고 고마운 생각이 든다. 그러나, 한편 쑥스럽다는 느낌도 있어서 그것을 종일 달고 다니지는 못한다.

'스승의 날'을 교단에서 맞는 것도 나로서는 금년이 마지막이다. 그래서인지 유난히 여러 가지 생각이 머리를 스쳐간다.

학교 교사들이 사회적으로 우대를 받던 옛날에는 '스승의 날'이라는 것이 없었는데, 상황이 뒤바뀐 듯한 오늘날 '스승의 날'을 기념하니 가슴의 꽃이 도리어 민망스럽다. 사도(師道)를 다시 한 번 드높이자는 그 취지에 쌍수를 들면서도, 실제로 어느 정도의 성과가 있을지는 자못 의심스럽다.

'사부'(師父)라는 말을 사용한 것으로도 알 수 있듯이, 옛날 사람들이 스승과 부모를 같은 지평 위에 놓은 것은 옛날에는 스승들의 은공이 그만큼 컸기 때문일 것이다. 옛날의 많은 스승들은 물질적 보수를 떠나서 제자들에게 학문과 인생을 가르쳤고, 옛날의 제자들은 같은 스승 밑에서 10년도 배우고 20년도 배웠다. 그렇기에 그들의 관계에는 '은사'(恩師)와 '제자'(弟子) 두 낱말이 아주 자연스럽게 어울린다.

어떤 인연으로 같은 교실에서 만나게 되어 책을 좀 가르치고 배우는 관계를 맺었다고 해서 곧 은사가 되고 제자가 되는 것은 아닐 것이다. 나는 지금까지 수십 명의 교사 또는 교수들의 강의를 들었고, 이루 헤아릴 수 없는 많은 젊은이들 앞에서 강의를 하였다. 그 모든 분들에게 '은사' 또는 '제자'라는 말을 사용한다면,

그 말들이 아주 형식적인 것이 되고 오직 공허한 뜻만을 갖게 될 것이다.

나에게 글을 가르쳐주신 여러 선생들 가운데 특히 인상이 깊고 평생을 두고 존경심을 일으키는 분이 몇몇 있다. 그 몇몇 분은 가장 절실한 의미로 나의 스승이고 잊을 수 없는 나의 은사이다. 교실에서의 우연한 몸과 몸의 만남이 우리를 스승과 제자로 만든 것이 아니라, 사랑과 존경을 담은 마음과 마음이 만났을 때 그분들은 나의 스승이 되었다.

나의 강의를 들은 무수한 젊은이들 가운데 나에게 각별한 정을 준 사람들이 있고, 지금도 내 마음 속에 한 자리를 차지하고 있는 사람들이 있다. 이제는 원숙한 인격으로 자라서 나에게 깨우침을 주는 때도 많으니, '제자'보다도 '친구'라는 말이 더 어울리는, 나에게 소중한 사람들이다. 내가 교단에 서지 않았다면 도저히 얻을 수 없는 젊은 친구들을 혈연보다도 가까운 거리에 가질 수 있게 되었다는 사실만으로도 나는 내 직업에 감사하고 있다.

현대인에게도 스승은 필요하고 오늘의 교사들에게도 소수의 제자들은 자녀들처럼 평생을 두고 가깝다. 제비를 뽑듯이 만나게 된 우연한 인연이 모두 사제(師弟)의 관계로 굳어진다고 보기는 어렵지만, 더러는 그 인연이 뜨거운 꽃송이를 가슴에 안겨준다.

1985. 5

## 헤세와 현대인의 고독

일제강점기에 독어나 독문학을 전공한 한국인은 극소수에 불과했다. 해방이 되어 독일어 선생이 여러 사람 필요하게 되었을 때 그 일을 맡은 것은 주로 철학을 공부한 사람들이었다. 그러한 상황에서 나도 어느 의과대학 예과에서 독일어를 가르친 적이 있다. 철학도가 만든 교과서를 사용했던 것인데 그 교과서에 헤르만 헤세의 「안개 속에서」(Im Nebel)가 들어 있었다.

소년 시절에 나는 다정다감한 기질이었고 나의 감상주의는 청년기에까지 이어졌다. 헤세의 「안개 속에서」를 처음 만났을 때 어쩌면 내 심정을 이토록 정확하게, 그리고 이토록 아름답게 노래한 사람이 있는가 싶어서 깊은 감격에 젖었다.

그 당시 내 나이는 30대 초반이었고, 헤세의 시에 대한 나의 이해는 내 정신 연령의 수준에 머무를 수밖에 없었다. 나는 헤세가 「안개 속에서」를 통하여 그의 개인적인 고독을 표현한 것으로만 이해하였고, 그것이 현대인 전체의 고독한 모습을 거시적으로 묘사한 문명 비판의 뜻을 함축했다고까지는 생각하지 않았던 것이다.

내 나이 40 고개에 올라섰던 1960년에 나는 「정열·고독·운명」이라는 제목으로 원고지 80장 가까운 긴 수필을 쓴 적이 있었다. 두 통의 편지를 연결한 형식을 취한 장편 수필이다. 내가 20대의 '젊은이'로 돌아가서 중년기에 접어든 나에게 보낸 편지에 대해서 중년기의 내가 회답을 보내는 형식을 취한 것이었다. 이 수필에서 '젊은이'는 헤세의 「안개 속에서」에 대해 언급하면서 고독의 문제를 제기하였고, 중년기의 나는 고독의 문제를 다정다감한 성격과 관련지어 가며 위로와 격려의 회답을 보냈다. 그때까지도 헤세의 시에 대한 나의 이해는 개인적 관심의 차원을 벗어나지 못했음을 의미한다.

사실을 고백하면, 그 장편 수필을 쓰게 된 동기 자체가 당시 내가 안고 있던 개인적 심정을 표현하기 위한 것이었다.

나에게 한때 가까이 다가왔다가 멀리 떠나간 사람이 있었고, 10년이 지난 뒤에도 나는 그 기억으로부터 자유롭지 못했다. 바로 그러한 심정을 서간문의 형식을 빌려서 표현한 것이 그 장편 수필이었다.

그 뒤로 다시 30여 년이 흐른 지금 나는 고독을 다정다감한 청소년기 심리에서 연유한 일부 사람들만의 문제라고 보지 않는다. 특히 현대인은 본인이 그것을 느끼든 느끼지 않든, 모두가 고독하다고 나는 생각한다.

헤세가 「안개 속에서」를 통하여 말하고 싶었던 것도 현대인 모두가 겪고 있는 보편적 고독이 아닐까 한다.

## 안개 속에서

이상도 하여라, 안개 속을 헤매면
덤불과 돌은 모두 외롭고
나무들은 서로를 보지 못한다.
각자는 모두 외톨이.

나의 삶이 아직 밝았을 때는
세상은 친구로 가득 차 있었지만
그러나 이제 안개 내리니
누구 한 사람 보이지 않는다.

모든 것에서, 어쩔 수 없이
사람을 조용히 떼어놓는
어둠을 전혀 모르는 사람은
진정 현명하다 말할 수 없다.

이상도 하여라, 안개 속을 헤매면
산다는 것은 고독하다는 것
사람들은 서로를 알지 못한다.
각자는 모두 외톨이.

1995. 10

## 지금은 그럴 때가 아니다

　금융실명제를 새로 실시할 때 또는 대학입학시험 제도가 바뀔 때, 보통사람들은 그러한 제도의 변화가 자신 또는 자신의 가족에게 어떠한 영향을 미칠까부터 생각하게 된다. 노동법의 개정안이 발표되거나 통과됐을 때도 보통 기업가들과 보통 근로자들은 그 개정안이 자신들에게 유리한 점은 무엇이고 불리한 점은 무엇인가부터 열심히 계산한다.
　만약 김구 선생이나 안창호 선생이 생존해 계신다면, 그들은 새로운 제도의 도입이나 기존하는 제도의 변경에 대하여 어떠한 태도를 취할까? 아마 보통사람들과는 달리 그러한 제도의 신설 또는 변경이 우리나라 전체의 장래에 대하여 어떠한 결과를 가져올 것인가부터 생각할 것이다. 이것이 위인과 보통사람이 다른 점이다.
　현대와 같이 개인주의가 팽배한 시대에, 대다수의 시민들에게 위인의 길을 밟으라고 설득한다 해도 귀를 기울이는 사람은 적을 것이다. 보통사람들은 역시 보통사람의 길을 가게 마련이다. 그러나 지도자 또는 애국자임을 자처하는 인사들 가운데는 위인의 길을 밟는 사람들이 상당수 나타나야 마땅하다. 조국의 민주화와 발전을 위해서 정계에 뛰어들었다고 공언한 사람들이나 우리나라의 경제계 또는 노동계를 이끌어가는 공인(公人)으로 자처한 사람들까지 자신들의 이해관계만을 계산하기에 골몰하다면, 우리나라의 장래는 암담하다 하여도 과언이 아닐 것이다.

일제강점기가 그러했듯이, 어쩌면 일제강점기보다도 더 절실하게, 오늘의 한국은 나라 전체를 먼저 생각하는 위대한 인물을 갈망하고 있다. 지위도 힘도 없는 사람이 나라 사랑의 충정을 외친다 해도 큰 힘이 되지는 않을 것이다. 힘을 가진 사람들 가운데서 위인의 길을 밟는 사람이 나타나야 한다.

보통사람들에도 두 가지 종류가 있다. 하나는 눈앞에 보이는 당장의 이익만을 계산하는 사람들이고, 또 하나는 멀리 내다보고 장기적 안목으로 계산하는 사람들이다. 목전의 이익만을 계산하는 사람들은 나라 전체의 흥망은 염두에 두지 않고 자신들의 일시적 이익만을 추구하지만, 장기적 안목으로 계산하는 사람들은 우선 국가 전체의 위기를 극복하는 일에 주력하고, 그 다음에 국가의 번영이 가져다줄 결과의 정당한 몫을 차지하려고 애쓴다.

오늘의 한국은 경제와 안보를 위시하여 여러 측면에서 매우 어려운 도전을 받고 있다. 이 난국을 극복하는 일이 우리들의 급선무이며, 지금은 우리 모두가 이 급한 불을 끄는 일에 매달릴 때다. 비록 보통사람이라 하더라도 긴 안목으로 계산한다면 이 급한 불부터 꺼야 한다는 것을 알 것이다. 그러나 작금의 우리 주변에는 이 급한 불을 외면하고 단기적 안목으로 각자의 이익에만 매달리는 사람들이 너무 많다.

보통사람들도 현명한 보통사람이라면 긴 안목으로 계산하고 그 계산을 따라서 행동한다. 그런데 우리는 지금 보통사람들 가운데서도 어리석은 보통사람의 길을 열심히 걷고 있는 꼴이다. 공인의 위치에 있는 지도층 인사들 가운데도 이 어리석은 보통사람의 길을 선택할 뿐 아니라 다른 사람들까지 그 길로 선동하는 경우가 있다. 비록 위인의 길은 못 가더라도 현명한 보통사람의 길은 가야 할 터인데, 그 길조차 쉽지 않은 모양이다.

지금은 정치 싸움에 몰두할 때가 아니다. 국민을 정치 싸움으로 몰고 갈 때는 더욱 아니다. 나라 전체부터 우선 살려야 한다. 우리 모두의 현명한 선택이 요구되고 있다.

1997. 1

## 도산 선생의 충고

나라 일이 어지럽고 어려울 때면 가끔 도산(島山) 선생을 생각한다. 지금 그분이 살아 계시다면 어떠한 말씀을 하실까? 이토록 어려운 시기에 도산 같은 겨레의 스승이 없다는 사실이 못내 아쉽다.

만약에 도산 같은 큰 스승이 우리나라에 생존한다면, 가장 큰 도움을 받을 사람은 아마 대통령일 것이다. 이를테면 자신감을 가지고 딴에는 잘한다고 한 노릇인데 일이 꼬이기만 할 때, 생각이 있는 대통령이라면 도산 같은 겨레의 스승에게 가르침을 청할 것이고, 겨레의 스승은 자상하고 슬기로운 충고로 그를 도와줄 것이다.

만약에 도산 선생이 생존해 계시고 오늘의 대통령이 선생과 만나서 가르침을 청한다면, 선생은 어떠한 충고를 할 것인가? 부질없는 짓인 줄 알면서 그 대담의 장면을 상상해 본다. 도리로 말하자면 대통령이 선생 계신 곳을 찾아가서 가르침을 받아야 마땅할 것이나, 경호 문제 등이 번거로우니 선생을 청와대로 모시는 편이 현실적일 것이다.

"제가 선생님을 찾아가 뵈어야 하는데 이렇게 왕림하시게 해서 죄송합니다."

"아니올시다. 차를 보내주셔서 편하게 잘 왔습니다."

처음에 이런 대화가 우선 오갈 것이고, 그 다음에는 날씨에 대한 언급과 선생의 건강에 대한 문답이 교환될 것이다. 선생께서 대통령의 자리가 외롭고 어려운 자리임을 언급하여 위로의 뜻을 전하면, 대화는 자연스럽게 본궤도로 진입할 것이다.

"선생님, 솔직히 말씀드려서 이렇게까지 어려울 줄은 몰랐습니다. 제 딴에는 열심히 하느라고 애를 썼으나, 일이 자꾸만 꼬여갑니다. 제가 무엇을 잘못해서 그런지 가르침을 주시면 감사하겠습니다."

"김 대통령의 개혁의 뜻은 확고했고 초기에는 잘했다고 생각됩니다. 예컨대 정치 군인들을 몰아내고 군부를 장악한 솜씨나 토지실명제를 과감하게 실시한 것이나 안가(安家)를 없앤 것 등 잘한 일이 많습니다. 그래서 국민들로부터 아낌없는 박수를 받았던 것인데, 그 박수 소리가 너무 컸습니다. 너무 컸어요."

"박수 소리가 너무 컸다는 것이 무슨 말씀이십니까?"

"박수 소리가 지나쳤던 까닭에 자신감도 지나쳤습니다. 자신감이 지나쳐서 일을 너무 서둘렀다는 느낌이 듭니다. '문민정부'라는 것이 매우 자랑스러운 이름인 만큼 그 부담도 큽니다. 군사정부라면 절차를 무시하고 일사천리로 밀어붙일 수도 있으나, 문민정부로서는 그래서는 안 되는 것인데 너무 서둘렀습니다."

"그리고 또 어떤 잘못이 있었습니까?"

"인사(人事)에 문제가 있었다는 여론이 돌고 있습니다. 인사 이동이 너무 자주 있었고, 맞지 않는 사람을 큰 자리에 앉힌 예도 있었지요. 인사 문제에 잡음이 생기는 것을 막기 위하여 극비리에 전격적으로 처리한 방식에는 득(得)보다 실(失)이 더 큽니다. 그리고 바른말로 충언을 하는 사람을 아껴야 하는데, 측근에 그런 사람이 적었던 것 같습니다."

"선생님 말씀 명심하겠습니다."

"우리나라 속담에 '팔은 안으로 굽는다'는 게 있지만, 대통령의 팔은 안으로 굽어서는 안 됩니다. 대통령은 사(私)보다 공(公)을 앞세워야 하며, 애기(愛己)에 못지 않게 애타(愛他)에도 신경을 써야 합니다. 나라 일을 결정하는 마당에서는 사정(私情)을 초월해야 합니다."

"명심하겠습니다."

"한 가지만 더 말하겠습니다. 민주주의 정치에는 강(剛)과 유(柔)의 조화가 필요합니다. 강경 일변도로 나가면 부러질 염려가 있습니다."

"한 마디만 더 말씀해 주십시오."

"마음을 비우시오."

1997. 2

# 우리의 현실과 성숙한 시민의식

## 1. 일류국가로의 도약에는 도덕성이 관건

우리 한국은 IMF의 위기를 겪기도 했으나, 경제에 있어서는 세계 13위의 자리를 차지하고 있다. 그러나 국가의 윤리적 청렴도는 42위로 평가되고 있으며 환경지수는 95위라니 부끄럽고 걱정스러운 처지가 아닐 수 없다.

경제가 잘못되지나 않을까 걱정하는 사람들은 대단히 많으나, 도덕성의 타락을 심각하게 고민하는 사람들은 비교적 적은 편이다. 경제 사정만 좋으면 다른 문제들은 부차적이라고 생각하는 사람들을 지도층의 인사들 가운데서도 가끔 만난다. 도덕성이 무너지면 경제도 조만간 무너지고 만다는 사실에 대해서 남의 일처럼 무관심한 사람들이 적지 않은 것이다.

과거에 우리나라 경제가 저개발 단계에 있었던 시절에는 정부의 특혜와 보호 또는 저임금 등의 유리한 조건 속에서, 기업들이 높은 도덕성에 의존함이 없이도 외형적 성공을 거둔 경우가 적지 않았다. 그러나 이제 세계의 경제 강국들이 '세계화'라는 이름으로 치열한 경쟁을 전개하게 되었고, 우리 한국도 그들과 어깨를 나란히 하고 실력으로 대결해야 하는 상황에 놓였다. 이 실력 대결에서 살아남기 위해서는 국제적 신뢰가 필수적이므로, 도덕성을 외면하고는 우리나라의 경제적 위상을 지키고 높이는 일이 불가능하다. 결국 도덕적으로 붕괴하면 조만간에 경제적 붕괴까지 초래하게 마련인 것이다.

참된 윤리 내지 도덕의 핵심은 원만한 사회생활을 위한 지혜라고 말할 수 있다. 다시 말하면, 사회적 존재로서의 인간이 모두 함께 잘살 수 있기 위하여 지켜야 할 행위의 처방을 밝혀주는 지혜로운 규범이 윤리(倫理)에 해당한다. 그 규범을 도(道)라는 말로 표현하기도 하며, 그 규범을 실천할 수 있는 인격적 능력을 덕(德)이라고 표현하기도 하는 데서 도덕(道德)이라는 말이 생겼다고 볼 수 있다. 모두가 함께 잘살 수 있기 위해서 가장 긴요한 것은 타인과 공동체를 두루 배려하는 넉넉한 마음가짐이다. 바꾸어 말하면, 대개의 유아들이 그렇듯이, 작은 '나'의 눈앞에 보이는 당장의 이익에만 집착하여 큰 '우리'의 원대한 이익을 도외시하는 소아적 이기주의가 공동생활과 공동선을 파괴하는 부도덕의 근본이다. 바로 이 소아적 이기주의가 도처에 퍼져 있다는 사실이 현재 우리나라가 안고 있는 문제들의 가장 큰 것이 아닐까 한다. 우리나라가 세계 일류 국가로 도약하기 위해서는 우선 도덕적으로 성숙한 사회를 만드는 일에 힘을 쏟아야 하는 것이다.

우리가 맞이한 2002년은 월드컵과 아시안 게임이 우리나라에서 개최되는 해이고 지방 선거와 대통령 선거를 실시하기로 된 중대한 시기이기도 한다. 이 시기를 어떻게 살리느냐에 따라서 한국의 장래가 크게 좌우된다 하여도 과언이 아니다. 그리고 이 시기를 슬기롭게 살리기 위하여 가장 긴요한 것은 우리가 성숙한 시민의식을 발휘하는 일이다.

널리 알려진 바와 같이, 월드컵은 올림픽 경기와 아울러 지구촌 최대의 축전이며, 특히 '2002 월드컵'은 이웃 나라 일본과 공동으로 주최하게 되었다. 이에 전 세계의 이목과 관심은 극동(極東)으로 쏠리고 있으며, 싫든 좋든 우리나라와 일본은 여러 면에서 비교의 대상이 되게 마련이다. 우리가 반드시 일본을 경쟁 상대로 의식할 필요는 없을 것이나, 우리나라가 일본보다 뒤떨어지는 나라로 알려지는 것은 결코 바람직한 일이 아니다. 특히 일본은 예의 바르고 기초 질서가 잘 잡혀 있는 나라라는 사실을 우리로서는 의식하지 않을 수 없다. 월드컵과 아시안 게임에 즈음해서 첫째로 유의해야 할 점은 주최국 국민으로서의 넉넉하고 친절한 마음으로 외국인을 대하는 일이다. 속 좁은 민족주의에 바탕을 둔 미숙한 애국심은 말할 것도 없거니와, 문화적 사대주의(事大主義)에서 오는 과공(過恭)도 있어서는 안 될 것이다. 상대가 우리나라 사정에 어둡다는 약점에 편승하여 물건값이나 요금을 부당하게 많이 받는 일이 있어서는 물론 안 되며, 도움이 필요한 외국인에게는 넉넉한 마음으로 친절을 베풀어야 한다.

## 2. 성숙한 시민의식으로 대처

민주주의다운 민주주의의 나라가 되는 것, 즉 정치적으로 성숙한 나라가 되는 것은 우리나라가 달성해야 할 또 하나의 중대한 과제이다. 이 과제가 제대로 풀리기 위해서는 공정하고 투명한 선거 풍토의 조성이 선행해야 하거니와, 금년에 실시하기로 된 지방 단체장 선거와 대통령 선거의 기회를 우리는 최대한으로 살려야 할 것이다. 1948년에 실시한 대한민국 초대 대통령 선거를 비롯하여 우리는 그 동안에 무수하게 많은 선거를 치렀으나, 아직도 우리나라 선거 풍토는 부끄러운 수준을 벗어나지 못하고 있다. 부정과 불법이 난무하는 선거에 정치인과 유권자 모두가 익숙한 상태에 젖어 있다 하여도 과언이 아닐 것이다.

금년에 실시될 예정인 두 가지 선거 가운데서 국민들의 관심이 집중되고 있는 것은 대통령 선거이다. 이 대통령 선거를 획기적으로 모범적이 되도록 하기 위하여 여야 정치인들이 여러 가지 대안을 제시하고 있는 것으로 보도되고 있다. 정치인들 자신의 노력만으로 공명정대한 대통령 선거를 실시하는 데 성공한다면, 그 이상 더 바랄 것이 없다. 그러나 승부욕이 지대하게 작용하는 대통령 선거가 정치인들의 자율적 노력만으로 공명정대하게 이루어지리라고 기대하기는 어려운 것이 우리의 현실이다.

대통령 선거에 비하면 승부욕의 작용이 그토록 심하지는 않다고 볼 수 있는 스포츠의 경우에도, 선수들의 자율적 노력만으로 반칙 하나 없는 깨끗한 경기가 이루어지기를 기대하기 어려운 것이 운동장의 현실이다. 원만한 경기를 위해서는 반드시 공정하고 권위 있는 심판이 지켜보아야 한다. 선거의 경우에는 공정하고 슬기로운 심판의 존재가 더욱 절실하게 요구되며, 그 심판의 구실을 할 수 있고, 마땅히 해야 할 사람들이 바로 투표권을 가진 일반 국민이다. 우리들이 던지는 한 표 한 표가 우리나라의 미래를 결정한다.

후보자들 가운데는 자신의 득표를 위하여 고향 사람들의 지역 감정에 호소하는 사람들이 아직도 있다. 그러나 이제 우리는 지역 감정은 깨끗이 청산해야 한다. 대통령의 자리에는 어느 지역을 위한 대변자가 아니라 국가 전체의 살림을 맡을 열린 사람을 앉혀야 한다. 같은 논리에서 동창을 따지는 학연(學緣) 관념이나 친척을 따지는 가족주의적 사고도 이제는 깨끗이 청산해야 한다. 돈의 힘이나 말의 힘에 끌려서 투표를 결정하는 어리석음도 이제는 극복해야 한다. 우리는 후보자의 능력과 인품을 따라서 지도자를 선택해야 하는데, 흥분된 선거 분위기 속에서는 돈을 여유롭게 뿌리거나 말 잘하는 사람을 유능한 인품으로 착각하는 사례가 많다. 우리는 후보자와 그 측근이 선거 운동에서 전개하는 선전과 말잔치에 현혹됨이 없어야 할 것이며, 오히려 후보자가 이제까지 어떠한 길을 실천해 왔는가를 냉철하게 살펴보고 투표를 결정해야 할 것이다. 예컨대, 정치계의 기상 변화를 따라서 정당 또는 정파를 자주 바꾸지 않았는가, 또는 기회에 편승하여 말 바꾸기를 예사롭게 하지 않았는가 등을 냉철하게 살펴보아야 할 것이다.

    거듭 말하거니와, 우리가 맞이한 2002년은 세계와 한국을 위하여 매우 중대한 시기에 해당한다. 우리는 위에서 언급한 문제들 이외에도 남북의 평화를 구축하는 문제, 미국이 주도하는 테러와의 전쟁에 자주적으로 대처하는 문제 등 여러 가지 큰 문제들을 앞에 두고 있다. 모두가 국민 일반의 성숙한 시민정신 없이는 대처하기 어려운 문제들이다.

2002. 2

## 감정이 앞서는 정치

 지난 3월 12일에 노무현 대통령 탄핵안이 국회를 통과한 사건은 우리나라 전체의 크나큰 불상사임에 틀림없다. 결과가 불행인 까닭에 거기에는 승자는 있을 수 없고 모두가 패자일 뿐이다. 패자들이 우선해야 할 일은 겸허한 자세의 깊은 반성이다.
 이번 탄핵안의 사유로 야당 측에서 거론한 항목에 크게 세 가지가 있다고 들었다. 지난 1년 동안 대통령이 기록한 실정(失政)과 대통령 측근이 저지른 비리, 그리고 당적을 갖지 않은 대통령은 총선에서 중립을 지켜야 한다는 실정법을 어겼다는 것이다. 이 세 가지 사안에 대해 대통령 편에서도 겸허하게 반성할 여지가 있었다. "인사(人事)가 만사"라는 정치의 원칙을 따라 대통령은 개인적 정리(情理)를 초월해 전국의 인재를 두루 등용했는지에 대해 신중한 반성이 있어야 했다. 정권이 바뀔 때마다 대통령 측근이 비리를 저지른 사례는 무수히 많았는데, 노 대통령은 이 사실을 역사의 교훈으로 삼았으며 어떤 비리가 생겼을 때 일벌백계의 단호함을 보였는지도 냉철하게 반성해야 했다. 그리고 대통령이 선거법을 어겼다는 야당의 주장에 다소라도 빌미를 줄 수 있는 언행이 없었는지에 대해서도 반성의 여지가 있다.

반성의 여지는 탄핵안을 발의한 야당 측에도 있었다. 나라 살림에 대한 경험이 거의 없는 젊은 대통령이 나름대로 국익을 위한 정치의 길을 모색했을 때 야당 의원들은 대국적 견지에서 협력함에 인색함이 없었는가, 새 대통령이 시도하는 일이 어떤 결과로 이어질지 참을성 있게 지켜보는 대신 성급하게 혹평부터 한 적은 없는가, 공정한 견지에서 반성해야 했다. 대통령 측근의 비리는 과거에도 비일비재했다는 사실에 비추어볼 때 노 대통령의 경우만이 탄핵의 사유가 될 정도로 심했다고 볼 수 있는가도 따져보아야 했다. 노 대통령의 언행이 선거법을 위반했다고 단정할 수 있는가도 신중히 고려했어야 하며, 가장 중요한 것은 대통령을 탄핵한다는 초유의 사실이 우리나라 국익을 위해 어떤 결과를 가져올지에 대해 심각하게 고민했느냐 하는 문제다.

매우 가슴 아픈 것은 노 대통령 탄핵 사건이 어느 모로 보나 명백하게 후진국형이라는 사실이다. 탄핵의 명분이 불충분했다는 것도 후진국형이며, 그것을 막기 위한 대화의 노력이 별로 없었던 것도 후진국형이다. 국회의장석 주변에서 치열한 몸싸움이 일어난 부끄러운 광경은 말할 것도 없거니와, 국회 안에서 여야가 옥신각신하던 시간에 국회 밖에서는 찬성과 반대로 양분된 대규모의 군중이 시위를 감행한 것도 후진국형이다. 자랑거리가 못 되는 그 광경을 방송 3사는 이틀 동안 되풀이해 전 세계에 전파를 보냈다. 경제협력개발기구(OECD)니, 국민소득 2만 달러 목표니 하고 떠들던 나라가 일시에 후진국으로 전 세계에 알려졌으니, 이 점에 얽힌 국가의 손해만도 이만저만이 아니다.

노 대통령의 탄핵 통과는 의심의 여지없는 실패작이다. 우리는 이 실패를 실패로 끝내서는 안 될 것이며, 실패를 거울삼아 많은 것을 배움으로써 전화위복의 계기로 삼아야 한다. 이번 실패의 근본적 원인은 우리 한국인의 이지(理智)보다 앞서는 감정적 기질에 있다고 생각된다. 사리(事理)를 따라 차분히 생각하는 과정을 생략하고 직감적 느낌을 따라 행동을 결정하는 까닭에 격정에 휘말리기 쉽고 군중심리에 동조하기 쉽다. 최첨단 기술이 지배하는 정보화 시대는 두뇌의 싸움으로 승패가 갈리는 국제 경쟁의 시대다. 단시일 안에 고칠 수 있는 문제는 아니지만, 새 시대에 살아남기 위해 정열과 균형을 가질 수 있을 정도로 냉철한 사유의 힘을 최대한으로 발휘할 새로운 국민성 함양에 힘써야 할 것이다.

더욱 중요한 것은 이번의 실패를 계기로 삼고 우리나라의 정치풍토를 근본적으로 쇄신하는 일이다. 지난 대선 때 거액의 돈이 오갔다는 정보가 이번 사건과 깊이 관련됐다는 사실을 거울로 삼고, 앞으로는 돈 안 드는 깨끗한 정치를 하도록 여야가 합심해야 할 것이다. 그리고 감정을 앞세우는 정치가 아니라 이지를 앞세우는 성숙한 정치의 기틀을 마련하도록 국민과 정치인 모두가 힘을 모아야 할 것이다.

2004. 3

## 성숙한 사회와 지도자 계층

 약 3년 전의 일이지만, 우리 한국 사회가 도덕적으로 황폐하다는 사실을 안타깝게 생각한 사람들이 모여서 하나의 모임을 만들기로 하였다. 우선 모임의 이름을 지어야 하겠다는 단계에 이르렀을 때 '성숙한 사회 가꾸기 모임'으로 하자는 의견이 채택되었다. '올바른 사회', '건전한 사회', '정의로운 사회' 등보다 뜻이 포괄적이고 부드럽다고 보았던 것이다.
 그 모임의 상임공동대표로 선임되어 오늘에 이르렀지만, 나 자신 '성숙한 사회'의 의미를 아직껏 만족스럽게 설명할 단계에 이르지 못하고 있다. 아마 앞으로도 그 말을 이론(異論)의 여지가 없도록 정의하는 일은 내 역량의 한계 밖일 것이다. 다만 오늘 붓을 든 기회에 '성숙한 사회'와 '지도층'의 관계에 대하여 잠시 생각해 보기로 한다.

 '성숙한 사회'라는 말보다는 '성숙한 사람'을 설명하기가 다소 수월하지 않을까 한다. 일반적으로 말해서, 어린이들은 시야가 좁고 생각이 짧다. 어린이들은 '나'밖에 모르는 경향이 있으며 '남'에 대한 배려가 부족하다. 어린이들은 자신의 감정을 다스리는 힘이 약하며, 제 마음대로 안 되는 상황에 처하면 울며 떼를 쓴다. 어린이들은 이성(理性)을 따라서 생각하고 행동하는 능력이 약하며, 감정의 지배를 크게 받는다.

사람들은 나이가 들며 커갈수록 대체로 시야가 넓어지고 생각이 깊어진다. 사람들은 커갈수록 자아(自我)의 범위가 넓어지고 '우리'를 생각하며 타인을 배려하는 마음이 강화된다. 사람들은 장년기(壯年期)로 접근함에 따라서 자신의 감정을 다스리는 힘이 강해지며, 합리적으로 생각하고 합리적으로 행동하는 경향을 보인다. 이와 같은 변화의 과정이 극점(極点)에 달했을 때, 우리는 그를 '성숙한 사람'이라고 부른다.

대부분의 사람들은 나이를 먹어감에 따라서 그 인격이 어느 정도까지는 성숙도를 높이게 되나, 완전하게 성숙한 경지에 이르는 사람은 드물다. 완전한 성숙에 도달한 사람을 우리는 '성현' 또는 '군자'라는 이름으로 존경한다. 공자가 70세에 이르러서 도달했다고 자술(自述)한 '종심'(從心)의 단계에 이른 사람을 우리는 '성인'(聖人)이라고 부른다고 보아도 무방할 것이다. (나이가 들수록 인격의 성숙도가 높아진다고 보기는 어렵다. 늙은 뒤에는 도리어 판단의 기능이 떨어지고 욕심이 느는 경우도 흔히 있다.)

인격이 완전하게 성숙한 경지에 이르는 사람은 드물다고 하였다. 그렇다면 한 사회의 성원 전체가 완전한 성숙의 단계에 이르기는 더욱 어려울 것이다. 바꾸어 말하면, 사회의 성원 전체가 성숙한 경지에 도달했다는 뜻으로 '성숙한 사회'라는 것은 현실적으로 존재하지 않는다. 그렇다면 현실적으로 '성숙한 사회'라 함은 어떤 것을 말한다고 보아야 할 것인가? 한 사회를 이끌어가는 지도 세력이 대체로 성숙한 사람들로 구성되었을 때, 우리는 그 사회를 '성숙하다'고 보아도 무방할 것이다. 이른바 한 사회의 '지도층'에도 여러 가지 사람들이 혼재해 있을 것이다. 다만 그 지도층을 형성하는 사람들의 대세가 성숙한 인격들에 의하여 좌우되는 경우라면, 우리는 그 사회 전체를 '성숙한 사회'라고 보아도 좋으리라고 보는 것이다.

한 국가의 지도층을 형성하는 사람들은 다시 여러 분야의 사람들로 나누어진다. 어떤 한 가지 부류의 사람들만이 지도층을 형성하는 것이 아니라 정치계, 법조계, 경제계, 언론계, 종교계, 학계와 교육계 등 여러 분야의 사람들이 그 나라의 지도층을 형성한다. 이 여러 분야의 인사들이 상호간의 조직적 유대를 가짐으로써 하나의 거대한 '지도층'을 형성한다기보다는, 여러 분야의 인사들이 각각 자신들의 직업적 활동에 종사하는 가운데, 자연발생적으로 그 나라의 지도층이 형성된다고 보아야 할 것이다.

국가의 지도층을 형성하는 여러 분야 가운데서 가장 영향력이 큰 것은 정치계라고 보는 것이 우리들의 상식이다. 정치 권력은 나라를 움직일 수 있는 막강한 힘을 가지고 있으므로, 나라의 지도층을 형성하는 모든 분야의 인사들은 정치에 대하여 지대한 관심을 갖게 마련이고, 정치가들이 하는 일에 대하여 비판도 하고 협조도 한다. 짧게 말해서, 정치를 좌우하는 중심 인물들이 국정을 수행함에 있어서 어느 정도의 성숙함을 보이느냐에 따라서 지도층 전체의 움직임이 결정되며, 그 나라 지도층 전체가 사회를 이끌어가는 태도의 성숙지수(成熟指數)가 결정된다고 볼 수 있다.

다시 요약해서 말하면, 한 나라를 성숙한 사회로 만들기 위해서는 성숙도(成熟度)가 높은 사람들이 그 나라의 정신 풍토를 이끌어가야 하며, 전체로서의 지도층이 성숙한 정신 풍토를 조성해 나갈 수 있기 위해서는 그 나라의 정치 지도자들이 성숙한 자세로 국정(國政)을 이끌어가야 한다. 여기서 우리는 현재 우리나라의 정치를 맡고 있는 사람들이 과연 어느 정도의 성숙한 자세로 나라를 이끌어가고 있느냐 하는 물음과 만나게 된다.

그러나 나는 이 물음에 대답할 수 있기 위해 필요한 많은 정보를 갖고 있지 않다. 그러므로 저 물음과 직접 대결하는 대신, 우리 한국의 정치 세력이 성숙한 태도로 국정에 임하기 위해서, 현재 정권을 맡고 있는 정부와 여당은 어떤 자세로 정치에 임하는 것이 바람직하며, 그밖의 사람들은 정부와 여당에 대하여 어떠한 자세를 취하는 것이 성숙한 사회를 가꾸기 위한 정도(正道)에 해당하는가를 살펴보기로 한다.

노무현 대통령은 국내외로 어려운 문제가 산적한 시기에 큰 책무를 맡게 되었다. 그는 남다른 통치철학을 가지고 이 나라를 지켜야 하며 민생 문제를 해결해야 한다. 이 시대는 그에게 첫째로 사심(私心)을 초월할 것을 요구하며, 초연한 자세를 취함으로써 정쟁(政爭)에 휘말리지 말 것을 요망한다. 그의 귀는 크게 열려 있어야 하며, 그의 입은 태산같이 무거워야 할 것이다. 대통령은 국익을 위하여 바른말하는 사람을 물리치지 말아야 하며, 잔재주와 말솜씨에 능한 사람을 경계해야 할 것이다.

대통령의 측근과 여당도 국익을 우선시하는 통치자의 뜻이 실효를 거두도록 정성을 다하여 보필해야 할 것이다. 야당도 대통령이 잘하는 일에 대해서는 대국적 견지에서 협력해야 마땅하다.

오늘의 우리 난국을 여야의 정치인들의 힘만으로 극복하기는 어렵다. 경제인과 법조인, 언론인과 종교인, 학자와 교육자 그리고 일반 국민 모두가 하나 되어 우리의 공동체 대한민국을 일으켜 세우고 건실하게 키워 나가야 한다.

2004. 8

## 나에 대한 사랑

　인류의 스승들 또는 역사에 기록된 윤리학의 거장들은 한결같이 "네 이웃을 사랑하라" 또는 "타인을 사랑하라"고 힘주어 가르쳤다. 그러나 "너 자신을 사랑하라"고 가르친 사람은 드물다. 18세기 영국의 윤리학자 프라이스(R. Price)가 '나에 대한 사랑'을 여섯 가지 주요 덕목의 하나로 꼽은 것은 약간 특이한 경우라는 인상을 준다.
　도산(島山) 선생의 많지 않은 유묵(遺墨) 가운데 '愛己 愛他'라는 것이 있음을 처음 알았을 때, 나는 선생의 비범한 통찰력에 속으로 감탄하였다. 윤리학을 따로 공부한 적이 없는 분이 '남에 대한 사랑'(愛他) 앞에 '나에 대한 사랑'(愛己)을 갖다놓았다는 것은 놀라운 창의력(創意力)으로밖에 설명할 길이 없다.
　'나에 대한 사랑'은 바람직한 삶의 구축을 위한 바탕이다. 자신을 아끼고 사랑하는 마음을 포기한 사람에게는 어떠한 기회도 어떠한 도움도 무용지물이다. 다만 '나'를 완전히 포기한 사람은 사실상 별로 없으니 다행한 일이다.

거의 모든 사람들은 '나'를 사랑한다. 그러나 '나에 대한 사랑'에도 옳은 길과 그른 길의 구별이 있다는 사실을 깊이 살피는 사람은 많지 않으며, 그 옳은 길을 실천하는 사람은 더욱 적다. 바로 여기에 문제가 있다.

대개의 부모들은 자녀를 끔찍하게 사랑하거니와, 자녀를 사랑하는 길에 옳은 것과 그른 것이 있다는 것은 널리 알려진 상식이다. 자녀의 개성을 따라서 올바른 사랑의 길이 다르겠지만, 일반적으로 말해서, 자녀가 원하는 것이라면 무엇이든 다 들어주는 것은 옳은 길이 아니며 반대로 기를 펴지 못할 정도로 사랑의 매를 드는 것도 옳은 길이 아니라는 것이 우리들의 상식이다. 그와 마찬가지로 나에 대한 사랑의 길에도 옳은 것과 그른 것이 있다는 사실을 모르는 사람들이 의외로 많으니 여기 중대한 문제가 있다고 보는 것이다.

나에 대한 올바른 사랑의 길의 첫째 원칙은 "내 생애 전체를 원대한 안목으로 꾸준히 성실하게 가꾸어라"이다. 오늘의 나만을 들여다보지 말고 내 생애 전체를 염두에 두되, 나의 생애가 하나의 아름답고 멋있는 작품(作品)이 되도록 슬기롭게 노력하라는 뜻이다.

나에 대한 사랑의 길의 둘째 원칙은 "나 가운데서 가장 값진 것은 나의 지위나 재산 따위의 외면적 성취(外面的 成就)가 아니라, 나의 인격과 나의 건강 또는 나의 예술이나 학문 같은 내면적 성취(內面的 成就)임을 명심하라"는 말로 요약된다.

나에 대한 사랑의 길의 셋째 원칙은 "'나'라는 것은 일정 불변한 크기를 가진 유형(有形)의 물질적 체계가 아니라 때에 따라서 나선형(螺旋形) 모양으로 컸다 줄었다 하는 의식(意識)의 체계임을 인식하고, 항상 소아(小我)보다도 대아(大我)를 먼저 위하는 자세를 견지하라"이다.

　내가 보기에는 위에 말한 세 가지 원칙은 생각하면 생각할수록 의심의 여지없는 지혜의 언어이다. 이것은 내가 만들어낸 것이 아니라, 동서고금의 큰 스승들의 가르침 속에 여기저기 스며서 펴져 있는 것을 내가 정리한 것이다.

　요즈음 우리나라의 현실은 여러 측면에서 매우 어지럽고 불안하다. 하나밖에 없는 우리 조국 대한민국을 지키고 키우기 위하여 대동단결해야 할 사람들이 여러 갈래로 나누어져서 치고 받으며 싸우고 있다. 나누어져 싸우고 있는 사람들에게는 하나의 공통점이 있다. 모두가 각각 자기(自己)를 사랑하고 있다는 공통점이다.
　여러 갈래로 분열되어 싸우고 있는 사람들이, 그리고 각각 자기를 위하여 나름대로 열심히 살고 있는 그 사람들이, 만약에 애기(愛己)의 길에도 옳은 것과 그른 것이 있음을 알고 그 옳은 길로 진로를 바꾼다면, 우리의 내일은 크게 달라질 것이다.

2004. 11

# 제 4 장
## 겉멋과 속멋

# 겉멋과 속멋
## -멋과 한국인의 삶-

## 1. 멋과 한국인의 가치의식

사람들은 누구나 칭찬받기를 좋아한다. 일반적으로 말해서, 한국 사람들이 듣기를 가장 원하는 찬사(讚辭)는 아마 '멋있는 사람'일 것이다. 칭찬 가운데서 가장 큰 기쁨을 주는 것은 관심이 쏠리는 이성(異性)으로부터 받는 칭찬이며, 이성으로부터 받는 칭찬 가운데서도 특히 마음을 흡족하게 하는 것은 '멋있는 사람'이라는 찬사가 아닐까 한다.

'멋있는 사람'이라는 말 가운데는 '아름다운 사람'이나 '착한 사람' 또는 '능력이 있는 사람'보다도 더 많은 의미가 함축되어 있다. 비록 겉모습이 출중하더라도 인품이 졸렬하면, 우리는 그 사람에게 '멋있다'는 찬사를 바치지 않는다. 비록 학식이 많고 도덕적으로 나무랄 데가 없더라도 겉모습이 너무 초라하면, 우리는 '멋있는 사람'이라고 부르기를 주저한다. 외형(外形)의 아름다움과 내심(內心)의 아름다움을 모두 갖춘 사람에 대해서만 우리는 '참으로 멋있다'는 칭찬을 아끼지 않는다.

'멋있다'는 칭찬을 '아름답다'나 '착하다', 또는 '똑똑하다'보다도 더욱 마음에 드는 찬사로 받아들인다는 사실은 한국인의 가치체계 안에서 '멋'이라는 가치가 차지하는 비중이 크다는 것을 의미한다. 바꾸어 말하면, 한국인에게는 전통적으로 '멋있는 사람'이 되어 '멋있는 삶'을 살기를 희구하는 경향이 현저했음을 의미한다.

정확한 통계자료를 가지고 있지는 않지만, 만약에 "귀하는 어떠한 사람이 되기를 가장 원하십니까?"라는 설문을 주고 '착한 사람', '아름다운 사람', '돈 많은 사람', '학식이 높은 사람', '멋있는 사람' 등을 예시(例示)한다면, 아마 '멋있는 사람' 난에 동그라미를 치는 사람이 제일 많을 것이다.

대부분의 한국인에게는 '멋있다'는 말이 강한 매력을 지닌 가치어(價値語)로서 다가온다. '멋'이라는 가치는 전통적으로 한국인의 정서와 잘 어울리는 바, '한국적 가치'라고 해도 과언이 아닐 것이다.

'멋'을 '한국적 가치'라고 말할 수 있는 근거로서 우리는 '멋' 또는 '멋있다'를 외국어로 번역하기가 매우 어렵다는 사실을 지적할 수 있을 것이다. 외국어에 능통한 전문가에게 물어보아도 '멋'이라는 말과 딱 들어맞는 번역어를 찾아내기가 어렵다. 이것은 '멋'이라는 것이 '아름다움', '세련됨', '풍류', '여유로움' 등 여러 가지 가치가 한국인의 특유한 정서를 매개로 삼고 융화함으로써 형성된 복합적 가치임을 강하게 암시한다. '멋' 또는 '멋있다'라는 말의 정확한 의미를 알기 위하여 『한글 큰사전』을 찾아보아도 시원한 해답을 발견하지 못한다는 사실도 같은 견해를 뒷받침한다. 여기서 우리는 "'멋'은 한국인의 정서와 밀접한 관계를 가진 특수하고 종합적인 가치다"라고 일단 말할 수 있을 것이다.

한국인이면 누구나 멋있는 사람이 되기를 원하고 멋있는 삶을 살기를 염원하지만, 그 염원을 실현하는 경우는 그리 많지 않다. 본의 아니게 '멋없는' 사람이 되어 멋없는 삶을 사는 경우가 허다한 것이다. 멋있는 삶에 대한 우리들의 소망(所望)과 현실 사이에 이토록 큰 거리가 생기는 이유로서 여러 가지를 생각할 수 있을 것이다. 그 기본적인 것의 하나로 '참된 멋'에 대한 이해의 부족 또는 무지를 들 수 있을 것이다. '멋'은 그 뜻을 정확하게 밝히기가 어려운 심오하고 종합적인 가치인 까닭에, 멋 아닌 것을 멋으로 잘못 알고 멋에서 거리가 먼 길을 본의 아니게 걷는 경우가 많다고 보는 것이다. 여기서 우리는 '멋'이라는 말의 뜻을 가급적 정확하게 이해함이 우선 필요하다는 요구와 직면하게 된다. '멋'이라는 종합적 가치 안에는 어떤 가치 요소(價値要素)들이 포함되어 있는 것일까?

## 2. 멋의 주변과 핵심

'멋'이라는 말 또는 그 개념에 대한 단편적 연구로는 신석초(辛石艸), 이희승(李熙昇), 조윤제(趙潤濟), 조용만(趙容萬) 등의 글이 있고, 그것들을 참고해 가며 종합적으로 연구한 논문으로는 조지훈(趙芝薰)이 1964년에 발표한 「멋의 연구」가 고전적 위치를 차지하고 있다.

'멋'에 관한 저들의 연구를 훑어보고 첫째로 발견하는 것은 그들의 견해 사이에 다소간 차이점이 있다는 사실이다. 그들이 대개 같은 시대에 활동한 우리나라의 대표적 국문학자라는 사실을 감안할 때, '멋'이라는 말의 의미에 관한 그들의 연구에 견해차가 있다는 것은, '멋'이라는 말의 의미를 객관적으로 명확하게 밝히기가 어렵다는 것을 드러내는 현상이라고 볼 수 있다. 가치라는 것은, '아름다움' 또는 '좋음'의 경우와 같이 비교적 알기 쉬운 경우에도, 일반적으로 그 기준을 객관적으로 명시하기가 어려우며 따라서 가치어(價値語)는 일반적으로 객관적이며 명확한 정의(定義)를 거부하는 경향을 가졌거니와, '멋'이라는 복합된 가치의 경우에는 그 기준을 밝히거나 그 말의 의미를 정의하기가 더욱 어렵다.

'멋'이라는 말의 의미를 명확하게 밝히기는 어려우며, 따라서 이 말에 대한 학자들의 연구에도 견해의 차이가 나타난다. 바꾸어 말하면, "멋이란 무엇이냐"는 물음에 대한 사람들의 대답에는 다소간 주관(主觀)이 개입할 여지가 있다. 그러나 주관에 따른 차이가 있음에도 불구하고, 한국인이 '멋있다'고 판단하는 사물에는 몇 가지 공통점이 있다. 그 공통점을 찾아냄으로써 우리는 느슨하게나마 '멋'이라는 말의 뜻을 밝힐 수가 있을 것이다.

이희승을 비롯한 한국의 학자들은 '멋'을 일종의 미적 개념(美的 槪念)이라고 보는 점에서 의견을 모으고 있다. 쉽게 말해서, '멋'이란 한국인의 미의식(美意識)에 비친 '아름다움'의 일종이라는 것이 학자들의 일치된 견해이며, 아마 이 견해에 반대하는 사람은 별로 없을 것이다. 문제는 어떠한 대상에 대하여 느끼는 아름다움이 '멋'이라는 이름의 특수한 아름다움이냐 하는 물음을 출발점으로 삼고 다시 시작된다.

조지훈에 따르면, "멋이라는 미감(美感)은 풍류, 화려, 호방, 쇄락, 경쾌, 율동, 초탈의 미에서 느끼는 것이요, 그런 세계를 멋있다고 한다."[1] 극히 정상적이고 규격에 딱 들어맞는 것, 빈틈 하나

없이 질서정연하고 네모 반듯한 것에 대해서도 우리는 흔히 아름다움을 느낀다. 그러나 그것은 '멋'의 아름다움은 아니다. 정규(正規)와 정상(正常)을 약간 벗어나서 파격적인 데가 있으면서도 크게는 조화를 잃지 않는 것을 대했을 때 느끼는 아름다움, 그것이 바로 '멋'이라는 것이다. 멋이 풍류 또는 여유로움과 불가분의 관계가 있다는 뜻도 된다. 동양적인 풍류, 또는 바쁜 일정 속에서도 음악을 한 곡 들을 수 있는 여유로움, 이것이 바로 '멋'의 기본이요, '멋'의 바탕이다.

꽃병에 꽂혀 있는 장미꽃을 볼 때, 우리는 '아름다운 꽃'이라고 말한다. 그러나 '멋있는 꽃'이라고는 말하지 않는다. 다만 걸어가는 여인의 가슴에 꽂힌 장미꽃을 보았을 때는 '멋'을 느끼고 '멋'을 말한다. 화병에 꽂힌 코스모스를 보고 우리는 아름다움을 느끼기는 하나 멋은 느끼지 않는다. 다만 들판에 무리지어 핀 코스모스가 바람에 하늘거리는 광경을 보았을 때는 멋을 느끼는 경우가 많다. 멋은 정지해 있는 것의 아름다움이 아니라 움직이는 것의 아름다움, 특히 살아서 움직이는 것의 아름다움이다. 살아서 움직이는 것 가운데 가장 인상적인 것이 인간이라면, 멋은 근본에 있어서 '인간적 가치'라고 말할 수 있을 것이다.

사람들은 흔히 사람 또는 예술품의 겉모습에 나타난 아름다움에 관하여 '멋'을 이야기한다. 국문학자들의 연구에서도 주로 언급된 것은 외형(外形)의 아름다움이며, '멋'을 한국인의 미의식이 포착한 외형미(外形美)의 으뜸으로 설명하고 있다는 인상이 강하다. 그러나 우리에게 멋을 느끼게 하는 것은 비단 어떤 겉모습의 아

---

1) 조지훈, 김봉구, 김태길 외 3인 공저,『한국인과 문학사상』(일조각, 1963), p.420.

름다움만이 아니며, 속마음의 아름다움에서 더욱 감격스러운 멋을 의식할 경우도 흔히 있다. 외형의 멋보다도 내심(內心)의 멋이 더욱 값지다는 것을 강조한 사람으로서 우리는 수필가이자 시인인 피천득(皮千得)을 알고 있다.

피천득은 그의 수필「멋」첫머리에서 겉모습이 멋있는 두 장면을 예로 들고 있다. "골프채를 휘두른 채 떠가는 볼을 멀리 바라보는 포즈, 그때 바람에 날리는 스커트." 이것이 그가 예로 든 멋진 장면의 첫째이다. "변두리를 툭툭 건드리며 오래 얼러 보다가 갑자기 달려들어 두들기는 북채, 직성을 풀고는 마음 가라앉히며 미끄러지는 장삼 자락." 이것은 그가 예시한 멋진 겉모습의 둘째 장면이다. 그러나 이러한 장면이 갖는 외형의 멋은 멋의 진수(眞髓)는 못된다고 피천득 시인은 단언한다.

피천득 시인에 따르면 "진정한 멋은 시적 윤리성(詩的 倫理性)을 내포한" 내심(內心)의 아름다움에서 찾아야 한다. 그는 시적 윤리성을 지닌 참으로 멋있는 행위의 예를 여럿 들고 있다. 테니스 경기에서 심판의 오심으로 한 포인트 득을 보게 된 선수가 그 다음 순간에 일부러, 그러나 자연스럽게, 실수를 범함으로써 그 부당한 득점(得點)을 포기한 선수의 태도를 '참으로 멋있다'고 찬양하였다. 천금을 주고도 중국 소저(小姐)의 정조를 범하지 않고 곱게 집으로 돌려보낸 통사(通事) 홍순언(洪淳彦)도 멋있는 사나이의 예로 들었다. 물동이로 물을 나르던 시절에 강원도 어느 산골에서 있었던 일도 참으로 멋있는 광경의 예로 기록되어 있다. 동서 또는 시누와 올케 사이로 보이는 두 젊은 여인이 무거운 물동이를 서로 자기가 이겠다고 앞을 다투는 아름다운 마음씨 속에 진정한 멋을 발견했던 것이다.[2)]

'멋'이라는 말의 어원은 '맛'이라는 견해가 통설(通說)처럼 돌아다닌다. 피천득 시인은 '맛'과 '멋'을 비교함으로써 '멋'의 핵심을 간명하게 밝히고자 한다.

> 맛은 감각적이요, 멋은 정서적이다.
> 맛은 적극적이요, 멋은 은근하다.
> 맛은 생리를 필요로 하고, 멋은 교양을 필요로 한다.
> 맛은 정확성에 있고, 멋은 파격에 있다.
> 맛은 그때 뿐이요, 멋은 여운이 있다.
> 맛은 얕고, 멋은 깊다.
> 맛은 현실적이고, 멋은 이상적이다.
> 정욕 생활은 맛이요, 플라토닉 사랑은 멋이다.[3]

피천득 시인은 맛과 멋이 조화를 이루고 양립할 수 있음을 인정한다. 다만 그는 맛의 세계보다 멋의 세계가 한층 높은 가치가 있는 세계임을 인정하고, 비록 맛이 없더라도 멋이 있는 삶이라면 그것으로 만족할 수 있다는 개인적인 심정을 토로하고 있다. 그가 안주하고자 하는 그 '멋'의 세계가 겉모습의 멋에 치중하는 것이 아니라, 속마음의 멋에 중심으로 두고 있음에 의심의 여지가 없다. 그가 "멋은 교양을 필요로 한다"고 했고, 멋은 이상적이라고 말했으며, 플라토닉 사랑을 멋이 가득한 삶으로 찬양한 대목을 근거로 우리는 그러한 결론을 내려도 무방하리라.

---

2) 피천득, 『琴兒文選』(일조각, 1980), pp.165-167.
3) 위의 책, p.56.

## 3. 우리 조상들의 삶과 멋

농경시대에 살았던 우리 조상들은 얼마나 멋있는 삶을 살았을까? 옛날에도 여러 사람들이 여러 가지 모습으로 살았을 것이므로 일률적으로 단정을 지어서 말하기는 어려울 것이다. 그러나 정확하게는 알 수 없지만, 우리 조상들 가운데는 비교적 멋있는 삶을 영위한 사람들이 상당히 많았을 것 같은 생각이 든다. 먼 옛날의 조상들까지 거슬러 올라가지 않더라도, 약 30년 전의 우리 선배들의 모습을 돌이켜볼 때, "그들에게는 멋이 있었는데…" 하는 생각이 그리움처럼 기억에 생생하다.

1960년대에 들어서면서부터 우리나라의 대학가(大學街)는 조용한 날이 적었다. 군사정권이 하는 일에 반대하여 시위를 일삼는 학생들과, 이것을 막으려는 당국의 힘 겨루기로 대학은 세월을 보내고 있었다. 자주 교수회의가 열렸고, 교수회의 안건은 학생 처벌에 관한 것이 주종을 이루었다. 시위를 주동한 학생들이 누구라는 것은 경찰 또는 중앙정보부에 알려지게 마련이었고, 그들을 처벌하라는 요구가 총장 또는 학장에게로 전달되면, '학생 처벌에 관한 건'을 처리하기 위하여 교수회의가 열리곤 했던 것이다.

1960년대에도 대학에 좌익 사상이 침투했을 가능성이 전혀 없다고 말하기는 어렵다. 그러나 시위에 가담한 대학생의 대부분은 자유민주주의 국가의 건설을 염원하고 있었으며, 대부분의 교수들도 학생들의 움직임에 대하여 부분적으로 공감을 느끼고 있었다. 대학이라는 곳은 학문을 배우고 연구하는 곳이지 데모로 세월을 보내기 위한 곳은 아니라는 견지에서 학생들의 정치 운동에 전적으로 찬동하지는 않았으나, 그들의 동기와 용기에 대해서는 공감을 느끼는 경우가 많았던 것이다. 그러므로 "학생들 가운데 주동자를 엄벌에 처하라"는 정부당국의 요구에 대하여 대부분의 교수들은 부정적 시각을 가지고 있었다. 따라서 교수회의의 분위기도 학생의 편을 옹호하는 경향이 지배했으며, 학생의 처벌을 최소화하는 쪽으로 결론을 내리곤 하였다.

교수들의 이러한 '비협조적 태도'에 정부당국은 심한 불만을 갖게 되었고, 그들이 믿을 수 있는 교수들에게 총장, 학장, 학생처장 따위의 보직 자리를 안겨주는 동시에 일반 교수들에 대한 압력의 고삐도 서서히 조이는 방책을 강구하였다. 이러한 상황 속에서, 화염병을 던지고 학교의 기물을 파괴한 학생들을 감싸고 돌기가 점점 어려워지게 되었고, 보직 교수들이 들고 나온 '학생 처벌안'이 가결되는 경우가 늘어나는 추세를 보였다. 감히 정면에 나서서 군사정권의 지시에 반대할 용기가 없었던 것이다.

1960년대 중반의 어느 날 오후에 학생들의 처벌 문제를 다루기 위한 교수회의가 동숭동 문리대에서 열리게 되었다. 개회 시간이 임박했을 무렵, 백발이 성성한 노교수 두 분이 술에 만취해서 회의장에 들어섰다. 들어서면서, "교수회의는 무슨 교수회의고, 처벌은 무슨 처벌이냐. 다아 집어치워라…" 하는 식으로 주정을 했다. 정부와 학교 당국이 하는 일에 대하여 술기운을 빌어서 항의를 한 것이다. "대낮에 술을 마시고 교수회의에 참석해도 좋으냐"는 상식적 척도로 왈가왈부할 행동이 아니었다. 그것은 분명 파격(破格)의 행동이었고, 제자들에 대한 공감과 사랑을 변칙적으로 표현한 것이었다. 그리고 총장이나 학장 또는 문교 당국으로부터 밉게 보인다는 것 따위는 안중에 두지 않은 그분들의 허랑한 행위에서 나는 '멋'을 보았다.

1950년대 또는 60년대의 우리나라 노교수들의 학문 수준은 대체로 낮은 편이었다. 고등학교 교사에 어울릴 정도의 실력을 가지고 대학으로 진출한 사람들이 많았다. 그러나 그들의 인품 가운데는 오늘의 외국박사를 자랑하는 젊은 학자에게서 볼 수 없는 대인지풍(大人之風)을 느끼게 하는 것이 있었다. 사람됨의 틀이 크고 마음의 여백이 있었던 것이다. 그 여백이 바로 '멋'의 원천이었다.

　조선시대로 거슬러 올라가면 우리 조상들 가운데 마음의 여백을 가지고 산 사람들이 많았고, 멋있는 사람들의 이야기도 많이 전해지고 있다. 한두 가지 예를 들어보기로 하자

　선조(宣祖) 때의 선비 조헌(趙憲)이 교서정자(校書正字)라는 낮은 벼슬자리에 있었을 때, 하루는 궁중의 향실(香室)을 지키는 숙직을 맡게 되었다. 마침 중전(中殿)이 불공을 드리는 데 필요하다며 향을 봉하여 올리라는 분부가 내려왔다. 그러나 조헌은 자기가 지키고 있는 향은 불공을 드리는 데는 사용할 수 없게 되어 있다며 완강하게 거절하였다. 중간의 사람들이 몇 번 오고갔으나 끝까지 굽히지 않았으며, 중전도 결국 향의 사용을 단념하였다. 정 9품밖에 안 되는 낮은 지위에 있으면서 중전의 분부에 굽히지 않고 끝까지 법도를 지킨 조헌의 용기에도 멋이 있으며, 그러한 강직이 용납될 수 있었던 당시의 궁중 기풍에도 멋이 있었다.4)

　젊은 시절을 풍류로 소일한 이지천(李志賤)은 지난날 그가 사귀던 기생을 찾아갔으나, 여자는 없고 그의 거문고만 있었다. 쓸쓸히 앉아서 기다렸으나 사람은 오지 않았으므로, 결국 그는 사랑

---

4) 차주환, 『詩話와 漫錄』, 한국고전문학대계 19(민중사관, 1966), pp.226-227(원전은 김시양(金時讓)의 『涪溪記聞』).

의 시 한 수를 지어 벽에 써놓고 돌아갔다. 그 뒤 10년이 지났을 때, 이지천은 호남의 어느 여관에서 그 기생의 옛 친구인 또 하나의 기생을 맞았다. 이 여인은 10년 전 친구의 방 벽에 쓰여 있던 한시(漢詩)를 감명 깊게 읽었다고 말하며, 그 시를 한 자도 틀리지 않고 암송하였다.

암송을 마친 노기(老妓)는 자기에게도 시 한 편을 지어 달라고 부탁하며, 곧 적삼을 벗어서 펼쳐 놓았다. 이공(李公)은 그 위에 또 한 수의 칠언절구를 지어서 적어 주었으며, 조촐하게 늙어 가는 한 여인의 모습을 우아하게 묘사하였다. 한갓 기방(妓房)을 배경으로 한 남녀의 이야기지만, 그 경지가 높고 풍류로 가득 차 있다. 우리 조상들이 즐겼던 풍류, 그것은 바로 멋의 대명사와도 같은 것이다.[5]

거문고로 이름난 명기 상림춘(上林春)의 이야기도 우리 조상들이 풍류와 멋을 사랑했다는 증거로서 볼 수 있다. 상림춘은 거문고의 명인으로서 당대의 명사들과 교류하였으며, 72세가 되었을 때도 그의 거문고 솜씨는 여전하였다. 그가 늙은 뒤에도 그에 대한 인기는 여전했으며 상류사회에서 끔찍한 대접을 받았다. 이름난 화가 이상좌(李上佐)가 그녀의 초상화를 그렸으며, 그 위에 신종호(申從濩)가 시로써 찬을 하였고, 그리고 다시 정사룡(鄭士龍)의 발문까지 써주었다. 한 노기(老妓)의 예술을 이토록 높이 대접한 우리 조상들은 분명 풍류와 멋을 생활화한 사람들이었음에 틀림이 없다.[6]

---

5) 위의 책, pp.314-315(원전은 임방(任埅)의 『水村漫錄』).
6) 이상옥, 『고사로 본 한국사』(문학출판공사, 1986), p.219(원전은 『稗官雜記』).

전설적인 의적(義賊) 임꺽정(林巨正)도 멋이 있는 사람이었다. 피리의 명수 단천령(端川令)이 임꺽정 패에게 붙들려 그들의 소굴로 끌려갔을 때, 도둑들은 단천령이 피리의 명수라는 소문을 듣고 한 번 불어보도록 하였다. 단천령이 계면조(界面調)를 불었을 때, 도둑들은 그 슬프고 처절한 가락에 감동하여 우는 자가 많았다. 두령 임꺽정은 피리 불기를 중지시키고, 다음 날 단천령을 집으로 돌려보냈다. 뿐만 아니라 무사히 돌아갈 수 있게 하기 위하여 신표(信表)로 작은 장도(長刀) 하나까지 내주었다. 예술가를 대접한 임꺽정은 멋을 아는 사람이었음에 틀림이 없다.[7]

조선시대에는 피리를 분 사람들이 많았고, 명인(名人)의 경지에 이른 사람들도 적지 않았던 것으로 보인다. 세조 때 청백하기로 유명한 맹사성(孟思誠)은 피리를 즐겨 불어 자기가 집에 있다는 것을 알렸다 하며, 태종 때 문과에 합격한 박연(朴堧)도 피리의 명인이었고, 그의 아들이 단종의 편을 든 탓으로 고향으로 돌아갈 때 한강에서 친구들과의 마지막 작별에 즈음하여 이별의 피리를 불어서 여러 친구들을 울렸다고 전해진다.

피리에도 여러 종류가 있고 같은 피리를 가지고도 여러 가지 선율을 자아낼 수 있지만, 피리의 가락은 일반적으로 부드럽고 한가로운 분위기를 수반한다. 그것은 심금을 울리는 호소력도 가지고 있다. 한국인의 피리 가락에는 한국인의 멋이 담겨 있다. 옛날 우리 조상들이 피리를 즐겨 불었고 피리 소리 듣기를 즐겼다는 사실은 우리 조상들이 일상생활에서 멋을 추구하며 살았다고 말할 수 있는 근거가 될 것이다.

---

7) 위의 책, p.136(원전은 『寄齊雜記』).

1920년대와 30년대를 농촌에서 살았던 나에게는 퉁소 소리를 자주 들었던 기억이 남아 있다. 우리 집 사랑방에는 퉁소가 있었고, 드나드는 사람들 가운데 그것을 구성지게 부는 재주꾼이 있어서 듣는 이들이 귀를 기울이곤 하였다. 나도 여러 차례 시도해 보았지만, 소리가 제대로 나지 않아서 단념하고 말았다. 요즈음 이웃집에서 들려오는 피아노나 바이올린 소리를 듣고 '멋'을 느끼는 경우는 없으나, 어린 시절에 들었던 피리 소리를 사랑했던 우리 조상들의 정서와 한국인의 멋 사이에 모종의 상관관계가 있으리라는 생각을 나는 좀처럼 버리지 못한다.

　우리 조상들의 삶 속에 많은 멋이 숨쉬었으리라고 생각하는 또 하나의 근거로서 우리 문화유산 속에서 발견되는 풍부한 해학(諧謔)을 들 수 있을 것이다. 배비장전, 이춘풍전, 춘향전 등에서 볼 수 있듯이 우리나라에서 많은 사람들의 인기를 끈 소설이나 판소리에서 해학이 차지하는 비중은 매우 크다. 모든 해학 속에 멋이 담겨 있다고 보기는 어려우나, 비속(卑俗)으로 흐르지 않은 절제된 해학은 멋과 바로 연결된다. 특히 웃음거리가 된 대상에 대한 따뜻한 사랑이 바탕에 깔린 해학은 그 여유로움과 따뜻함으로 인하여 그 속에 멋을 느끼게 한다.

### 4. 현대 한국인의 삶과 멋

　여유가 없는 곳에서는 '멋'이 생길 수 없다. 여유는 멋의 필요조건이다. 멋은 물질의 여유에서 오기도 하고 정신의 여유에서 오기도 한다. 다만, 물질의 여유에서 오는 멋과 정신의 여유에서 오는 멋은 그 범주(範疇)가 서로 다르다.

옛날 우리 조상들의 삶 속에 가꾸어진 멋은, 대체로 말해서 마음의 여유가 낳은 멋이었다. 우리 조상들은 소수의 예외를 제외하고 대부분이 가난하게 살았다. 물질의 빈곤에도 불구하고 우리 조상들은 풍류를 즐기는 마음의 여유를 잃지 않았고, 그 마음의 여유를 토양으로 삼고 멋의 싹을 틔워서 꽃피웠다.

1945년 해방을 계기로 한국인의 가치관은 크게 변하기 시작했다. 미군(美軍)을 통하여 미국의 풍요로운 물질생활을 목격하게 되었고, 그들이 사는 모습에서 받은 충격은 곧바로 부러움이 되었다. 미국인의 사는 모습을 선망의 시선으로 바라보게 된 것인데, 미국 문화의 참모습과는 거리가 있는 미군(GI) 문화를 미국 문화 그 자체로 착각하는 잘못으로 인하여, 가치관이 혼란의 길로 빠져들었다.

미국 사람처럼 잘살기 위해서는 우선 돈을 벌어야 한다는 생각이 절대 불변의 진리가 되어 사회 전체에 퍼져 갔다. 이러한 정서를 재빨리 파악하고 또 공감을 느낀 박정희 대통령은 경제 발전을 정책의 첫째 과제로 삼고 '잘살기 운동'에 전념하였다. 이 운동에는 몇 가지 부작용이 수반하기는 했지만, 대체로 성공적인 결과를 얻었고, 상당히 많은 사람들이 물질적 풍요를 누릴 수 있는 세상을 맞이하게 되었다.

박정희가 노래의 제목으로 삼기도 한 '잘살아 보세'는 경제적 풍요를 목표로 삼는 구호였고, 이 구호는 국민 대다수에 대하여 강한 호소력을 가졌다. 다시 말해서, 물질적으로 풍요롭게 사는 것이 바로 '잘사는 것'이라는 생각을 의심의 여지가 없는 진리처럼 받아들인 사람들이 많았다. 이러한 가치풍토 속에서는 한국인의 전통적으로 사랑해 온 '멋있는 삶'도 결국 물질적 풍요에 바탕을 두게 마련이다. 쉽게 말해서, 화려하고 사치스러운 삶이 바로 멋있는 삶도 된다는 생각이 자연스럽게 받아들여지기 쉽다. 그리고 실제로 이러한 생각을 받아들인 사람들이 다수를 차지했다.

화려하고 사치스러운 생활 속에 '멋'이라는 가치가 실현될 수 있는 가능성은 매우 높다. 패션쇼에서 모델들이 입고 나오는 의상은 대개가 화려하고 사치스러우며, 동시에 수많은 관객들에게 멋을 느끼게 한다. 간혹 검소하고 실용적인 의상을 선보일 경우도 있는데, 이 경우에는 '멋있다'보다는 '좋다'는 느낌을 갖는 관객이 많은 것이 보통이다. '멋'은 실용보다도 여유에서 생겨나기 때문이다.

사치스럽고 화려한 생활 속에서 형성될 수 있는 멋은 외형(外形)의 멋이다. 물질의 풍요가 내심(內心)의 멋을 위하여 도움이 될 수 있는 가능성도 없지 않으나, 사치스러움 또는 화려함 그 자체가 내심의 멋으로 이어지기는 어렵다. 언제나 반드시 그렇다고 단정할 수는 없으나 사치스러움 또는 화려함을 좇는 마음이 동시에 내심의 멋을 간직하기는 대체로 어렵다.

큰 호텔의 로비나 백화점의 매장을 기웃거려 보면 멋있게 차리고 나선 사람들과 흔히 만나게 된다. 텔레비전 화면을 통해서도 멋있어 보이는 사람들과 자주 만난다. 보통 거리에서 마주치는 사람들의 모습도 30년 전에 찍은 서울 거리의 사진과 비교하면 훨씬 더 세련되어 보인다. 그리고 촌스러운 모습에서보다는 세련된 모습에서 더욱 멋스러움을 발견하는 것이 우리들의 일반적인 심미 감각(審美感覺)이다. 만약 우리가 지금도 30년 전과 같은 가난 속에서 살고 있다면, 지나가는 사람들의 모습에서 발견할 수 있는 이러한 멋은 남의 나라 이야기로만 다가올 것이다.

외형의 멋도 그 자체로서는 바람직한 것이다. 그러므로 경제적 풍요로 인하여 외형의 멋이 옛날보다 높은 수준에 이르게 된 것은, 그 자체만을 떼어서 생각한다면, 대견스러운 현상이라고 보아야 할 것이다. 그러나 문제는 외형의 멋의 수준이 향상되면 내심의 멋은 도리어 그 수준이 저하되기 쉽다는 사실에서 생긴다. 다시 말하면, 사람들의 관심이 외면의 멋을 추구하는 일로 집중될 경우에, 내심의 멋을 추구하는 일은 자연히 어렵게 되게 마련이다. 그리고 앞에서 고찰한 바와 같이, 외면의 멋보다 내면의 멋이 더욱 소중하다는 전제를 받아들인다면, 물질의 풍요로 인하여 외면의 멋이 크게 향상했다는 사실은, 크게 볼 때 반드시 바람직한 현상이 아닐 수도 있다는 입론(立論)이 성립하게 될 것이다.

실제에 있어서, 현대 한국인의 삶을 '멋'이라는 척도(尺度)로 평가할 때, 외면의 멋은 크게 향상한 반면에, 내심의 멋은 오히려 떨어졌다는 인상을 부인하기 어렵다. 앞에서 언급한 바와 같이, 피천득 시인은 진정한 멋은 내심의 멋이라고 보았으며, 내심의 멋의 특성을 '시적 윤리성'(詩的 倫理性)이라고 말했거니와, 내심의 멋의 바탕이 되는 것은 소아(小我)에 집착하지 않는 마음의 여유와 남에 대한 깊은 배려로서의 사랑이다. 그런데 우리는 돈을 마치 최고의 가치인 양 탐욕스럽게 추구해 왔고, 돈이 소중한 까닭이 오로지 호화스럽고 사치스러운 삶에 있는 것처럼 소비생활에 치중하였다. 결국 나 개인이 호의호식하기 위하여 돈벌이에 심혈을 기울인 꼴이 되었으니, 소아에 대한 집착으로부터 자유로울 수 있는 마음의 여유와 남에 대한 깊은 배려로서의 사랑을 갖기는 어렵게 되었다. 바꾸어 말하면, 내심의 멋을 가꿀 수 있는 기반을 잃고 만 것이다. 외형의 멋은 크게 신장했으나 내심의 멋은 도리어 현저하게 위축했다고 보는 까닭이다.

여기서 우리는 내심(內心)의 멋을 '진정한 멋'이라고 말하면서 외형(外形)의 멋보다 더욱 소중한 것으로 보는 견해에 대하여 의문을 제기할 수 있을 것이다. 외형의 멋도 '멋'임에는 틀림이 없으며, '멋'의 원조(元祖)는 도리어 외형의 멋이 아니냐는 반론을 제기할 수도 있을 것이다. 외형의 멋과 내심의 멋 가운데서 어느 편이 더 소중하냐 하는 것은 사람마다의 주관(主觀)에 달린 문제이지 객관적으로 따질 수 있는 문제가 아니라는 주장도 있을 수 있으며, 구질구질하게 가난했던 옛날에는 외형의 멋을 실현하는 일이 어려웠으므로 내심의 멋을 선호하는 사람들이 많았을 것이나, 경제적 여유를 즐길 수 있게 된 오늘날까지 내심의 멋을 고집할 필요가 없다는 주장도 성립할 수 있음직하다.

'외형의 멋'이 더 중요하냐 또는 '내심의 멋'이 더 중요하냐 하는 문제에 제대로 대답하기 위해서는 까다로운 철학적 논쟁을 끌어들여야 한다. 이 자리는 철학적 논쟁을 위한 자리가 아니므로, 우리 모두가 수긍할 만한 전제(前提) 하나를 앞세우고 이 문제에 접근하는 것이 좋을 듯하다. 그 하나의 전제란 "우리는 모든 한국인의 행복을 극대화하는 길을 선택해야 한다"는 공리주의적(公利主義的) 원칙이다. 이 원칙만 받아들인다면, '외형의 멋'보다도 '내심의 멋'이 더욱 소중하다는 우리의 주장을 정당화할 수 있는 길이 열릴 것이다.

우리나라가 경제적 풍요를 구가할 수 있게 되었다고는 하나, 국민의 대다수가 사치스럽고 호화스러운 생활을 하며 멋을 부릴 수 있는 수준은 아니다. 아직도 많은 사람들이 어렵게 살고 있으며, 사치스럽고 호화롭게 사는 사람들에 대하여 위화감을 느끼는 경우가 많다. 이러한 상황에서는 사치에 의존하는 멋부림은 그 당사자들을 즐겁게 할 수는 있으나 그 즐거움을 여러 사람들이 함께 나누기는 어렵다. 사치스럽게 멋을 부리는 사람을 바라보고 즐거움을 느끼는 사람들보다는 시기(猜忌)와 거부감을 느끼는 사람들이 더 많을 것이다.

사치와 낭비를 하지 않고는 외형의 멋을 창출할 수가 없다고 보는 것은 아니다. 돈을 별로 들이지 않고 낼 수 있는 소박한 멋도 있고 수수한 멋도 있다. 검소한 옷차림이 도리어 더욱 멋있어 보이는 경우도 있다. 그러나 돈을 들이지 않고도 외형의 멋을 풍길 수 있는 사람은 높은 심미안(審美眼)과 검소(儉素)의 덕(德) 등 내심의 탁월성을 가지고 있는 사람이다. 그가 보여주는 외형의 멋은 그가 이미 가지고 있는 내심의 멋을 바탕으로 삼고 있는 것이다.

'내심의 멋'은 한국인의 눈에 비친 미덕(美德)의 아름다움에 해당한다고 말해도 무방할 것이다. 일반적으로 말해서, 참으로 도덕적인 심성(心性) 또는 도덕적인 행위에는 감동을 느끼게 하는 힘이 있고, 그 감동은 일종의 미감(美感)이다. 진정한 미덕은 사람들의 미감에 충격을 주게 마련이고, 한국인은 그 충격에서 멋을 체험한다. 다름 아닌 내심의 멋이다.

경제적 풍요는 외형의 멋을 조장할 뿐 내심의 멋을 위해서는 부정적으로만 작용하는 것일까? 그렇다고는 결코 생각되지 않는다. 앞에서 든 예는 돈을 개인적 사치 또는 향락의 도구로만 생각하는 사람들을 염두에 두고 말한 것이며, 돈의 효용을 다른 시각에서 보는 사람들의 경우에는 전혀 다른 결론이 나오게 될 것이다.

돈은 그것을 사용하는 사람의 생활태도에 따라서 그 효용에 크나큰 차이가 난다. 돈은 철학이 빈곤한 사람이 사용하면 자신과 사회를 위해서 좋지 못한 결과를 초래할 공산이 크고, 풍부한 철학의 소유자가 사용하면 자신과 사회를 위해서 크게 기여하는 결과를 가져올 가능성이 높다. 그런데 돈에 관해서 현대 한국인이 가지고 있는 철학은 대체로 빈약한 편이다. 몸에 화려한 옷을 걸치거나 사치스러운 가구를 구입하는 것은 돈으로 할 수 있는 일 가운데 매우 하찮은 일에 불과하다는 것을 모르는 사람들이 의외로 많다. 돈을 멋있게 쓰는 길을 모르는 사람들이 많은 것이다.

1997

저자 약력

김 태 길

충북 중원 출생. 청주고등보통학교 졸업.
일본 제3고등학교 문과 졸업. 일본 동경대학 법학부 수학.
서울대 철학과 및 동대학원 석사과정 졸업.
미국 Johns Hopkins 대학원 철학과 졸업(철학박사).
하와이대학교 Eastwest Center Senior Fellow. 서울대 철학과 교수 역임.
현재 서울대학교 명예교수. 대한민국학술원 회장. 철학문화연구소 이사장.

주요 저서 : 『윤리학』, 『소설에 나타난 한국인의 가치관』(I, II), 『존 듀이의 사회철학』, 『변혁시대의 사회철학』, 『한국윤리의 재정립』, 『삶과 그 보람』, 『삶이란 무엇인가』, 『직업윤리와 한국인의 가치관』, 『흐르지 않는 세월』, 『공자사상과 현대사회』, 『체험과 사색』(상, 하), 『무심 선생과의 대화』, 『유교적 전통과 현대 한국』, 『윤리 문제의 이론과 사회 현실』 등.

### 겉멋과 속멋

2005년 1월 25일 1판 1쇄 인쇄
2005년 1월 30일 1판 1쇄 발행

지은이 / 김 태 길
발행인 / 전 춘 호
발행처 / 철학과현실사
서울시 서초구 양재동 338-10
TEL 579-5908·5909
등록 / 1987.12.15.제1-583호

ISBN 89-7775-516-6 03800
값 8,000원